VANESSA GERMAIN
ALESSANDRA CHAN
psychologues

Le stress post-traumatique

Que faire pour surmonter un événement bouleversant ou traumatisant ?

ÉDITIONS MIDI TRENTE

Ce livre est une nouvelle édition de l'ouvrage *Après le choc : surmonter un événement bouleversant ou traumatisant*, publié originalement en 2018.

Catalogage avant publication de Bibliothèque et Archives nationales du Québec et Bibliothèque et Archives Canada

Titre: Le stress post-traumatique : que faire pour surmonter un événement bouleversant ou traumatisant? / Vanessa Germain, Alessandra Chan.

Autres titres: Après le choc

Noms: Germain, Vanessa, 1980- auteur. | Chan, Alessandra, 1978- auteur.

Description: Mention de collection: Que faire? | Publié antérieurement sous le titre: Après le choc : surmonter un événement bouleversant ou traumatisant. 2018. | Comprend des références bibliographiques.

Identifiants: Canadiana (livre imprimé) 20240029410 | Canadiana (livre numérique) 20240029429 | ISBN 9782925213826 (couverture souple) | ISBN 9782925213833 (PDF) | ISBN 9782925213840 (EPUB)

Vedettes-matière: RVM: État de stress post-traumatique chez l'adolescent. | RVM: Événements stressants de la vie. | RVMGF: Livres de croissance personnelle.

Classification: LCC RJ506.P55 G47 2025 | CDD 618.92/8521—dc23

Autrices : Alessandra Chan et Vanessa Germain
Édition : Éditions Midi trente
Photos : depositphotos.com

ÉDITIONS MIDI TRENTE

ÉDITEUR AGRÉÉ

www.miditrente.ca

ISBN : 978-2-925213-82-6
Imprimé au Canada
01-2025

Dépôt légal : 1ᵉ trimestre 2025
Bibliothèque et Archives nationales du Québec
Bibliothèque et Archives du Canada

Financé par le gouvernement du Canada | Canada

Société de développement des entreprises culturelles Québec

Les Éditions Midi trente remercient la SODEC de son soutien.

Québec
Crédit d'impôt livres — Gestion SODEC

Table des matières

NOTE AUX LECTRICES ET AUX LECTEURS

Ce livre aborde les peurs et les traumas liés à un événement unique, d'une durée limitée, qui s'est produit de manière soudaine et inattendue, comme un accident, un incendie ou une catastrophe naturelle. Il ne traite pas des traumas plus complexes liés à des événements répétés, chroniques, prévisibles et de longue durée, comme la maltraitance, les abus physiques ou sexuels ou encore les expériences de guerre.

Les difficultés des jeunes ayant été exposés à un trauma complexe sont différentes de celles des personnes ayant été exposées à un trauma unique. Plusieurs outils présentés dans ce livre pourraient aider les jeunes ayant vécu un trauma complexe. Cependant, il importe de préciser que les traumas complexes nécessitent une intervention particulière qui va au-delà de ce qui peut être couvert dans ce livre.

Enfin, il est à noter que ce livre ne remplace d'aucune manière un suivi avec un professionnel ou une professionnelle. **N'hésitez pas à consulter en cas de besoin.**

Introduction

« Aaah ! J'ai peur ! »

Qui n'a jamais eu peur? Qui n'a jamais sursauté ou senti son sang se glacer à la suite d'un événement soudain, imprévisible ou bouleversant? Qui n'a jamais craint pour sa vie? La peur fait partie de nos vies, qu'on le veuille ou non. En fait, il s'agit même de l'une des émotions les plus fondamentales qui soient! Elle sert à nous aviser d'un danger, à nous protéger et à nous permettre de survivre.

Si, dans certains cas, nous avons peur pour notre vie ou pour notre intégrité physique, dans d'autres cas, la peur vise à protéger notre estime personnelle, notre ego et notre intégrité psychologique. Pensons par exemple à la peur de se retrouver seul ou d'être abandonné, à la peur d'échouer ou de ne pas performer, à la peur d'être ridiculisé ou rejeté, et même à la peur d'avoir peur!

Ce livre ne portera pas sur ces derniers types de peurs, mais plutôt sur **la peur liée aux expériences pouvant porter atteinte à notre sécurité et à notre vie.**

Souvent, heureusement, il y a plus de peur que de mal. Notre cerveau perçoit un danger : un bruit inhabituel, un individu louche qui s'approche... Puis des indices nous permettent de mieux comprendre ce qui se passe en réalité. Le bruit inhabituel s'interrompt, l'individu louche poursuit tout bonnement son chemin. Ouf! Fausse alerte! Nous avons retenu notre souffle l'espace de quelques instants. Notre cœur s'est emballé et nos mains se sont imprégnées de moiteur, mais nous avons compris ensuite que le danger n'était pas réel. Notre activité intérieure s'est calmée et tout a repris son cours normal.

À d'autres moments, en revanche, tout est bien réel. Le pire est en train de se produire. Ce que nous n'avions pas vu venir nous surprend comme un violent coup de fouet. Un accident, une agression, une catastrophe ou un désastre, une fatalité, un malheur... bref, un traumatisme !

Dans de telles situations, le choc et la surprise peuvent nous scier les jambes, nous empêchant de réagir à ce qui se produit. Ou, à l'inverse, notre réaction peut être de prendre nos jambes à notre cou pour fuir le danger. Parfois, si le corps le décide, nous pouvons nous débattre, corps et âme, pour échapper à l'inévitable.

La peur peut ensuite laisser place à l'inquiétude et à l'incompréhension :

« Pourquoi ai-je réagi ainsi ? »

« Pourquoi ai-je encore si peur ? »

« Pourquoi est-ce que je me sens si mal tous les jours ? »

Parfois, les événements nous bouleversent tant que nous n'arrivons plus à fonctionner normalement :

« Je ne veux plus voir mes amis. »

« J'ai du mal à me concentrer à l'école. »

« Je fais des cauchemars. »

« Je pleure sans arrêt et je n'ai plus confiance en la vie. »

Les événements tragiques peuvent être si bouleversants qu'ils remettent en question certaines valeurs et certaines idées que nous avions par rapport à la vie, aux autres ou à notre sécurité :

« Je croyais que ça n'arrivait qu'aux autres, ces histoires-là ! »

« Maintenant, je sais que la vie est fragile. »

« La vie est injuste. »

Si tu as vécu un événement qui t'a fait craindre pour ta vie ou celle de quelqu'un d'autre et que, depuis, la peur, l'impuissance ou le sentiment d'horreur persistent au point de t'empêcher de vivre normalement, alors ce livre est pour toi. Nous l'avons écrit pour te permettre de mieux comprendre le phénomène de la peur et des séquelles laissées par les traumatismes. Nous souhaitons également que tu puisses y trouver des outils pour t'aider à poursuivre ton chemin malgré la peur.

Avant d'aller plus loin, nous aimerions prendre quelques instants pour te présenter sept jeunes qui ont vécu des traumas. **Carl, Henri, Alice, Rosalie, Liam, Inès** et **Éva** ont tous en commun d'avoir vécu des événements bouleversants ou traumatisants qui les ont transformés, d'une manière ou d'une autre. Ils ont dû vaincre certaines angoisses, et surtout réapprendre à vivre et à faire confiance. Tout au long de ta lecture, leurs histoires te permettront non seulement de mieux comprendre comment tu te sens, mais aussi de voir comment tu pourrais faire pour mieux composer avec tes difficultés.

CARL

Depuis quelques mois, je ne veux plus aller à l'école. J'ai des maux d'estomac intenses tous les soirs au moment d'aller au lit et ça se poursuit au petit matin avant de me rendre à l'école. Un jour, à la sortie des classes, trois gars m'ont suivi sur le chemin vers la maison. Ils me harcelaient, me criaient des bêtises, m'enlevaient ma casquette, me poussaient en riant. Je me sentais humilié et j'avais très peur. Puis, ils m'ont tiré vers une ruelle isolée et m'ont assailli de coups de pied dans le ventre. Je hurlais de douleur, je les suppliais d'arrêter... Ils ont fini par me laisser seul à cet endroit. En arrivant à la maison, j'ai appelé ma mère, qui était encore au travail. Je pleurais et je n'arrivais pas à décrire ce qui venait de m'arriver. J'étais en état de choc. Depuis, j'ai la peur au ventre et je suffoque à l'idée de sortir de ma maison. Je ne me sens plus en sécurité nulle part, alors je préfère toujours rester seul. Je me sens détaché de tout le monde, même de mes parents. J'ai l'impression que les humains sont mauvais! Je me blâme tous les jours d'être un bon à rien, une vraie poule mouillée, et je me sens faible de les avoir laissé faire.

HENRI

Depuis deux ans, je refuse de remonter sur mon super bolide. J'étais un maniaque de vélo de course, mais tout a changé lorsqu'une voiture m'a happé alors que je roulais sur une petite route de campagne. J'ai été gravement blessé pendant l'accident. Je me suis cassé la clavicule, plusieurs côtes et la mâchoire. Si je n'avais pas porté de casque, je ne serais pas ici aujourd'hui pour parler de mon expérience. Je vois mes amis continuer de s'amuser et planifier des randonnées, mais de mon côté, je n'y arrive plus, car j'ai trop peur que cela m'arrive à nouveau. Je me suis remis de mes blessures physiques, mais je ne me sens plus comme avant. Je suis souvent triste et déprimé, comme si plus rien ne valait la peine. En plus, chaque fois que j'entends parler d'une personne qui a un accident, toute ma détresse ressurgit. Je suis tout le temps sur les nerfs et irritable. Bref, je n'arrive plus à ressentir d'émotions agréables, j'ai perdu tout intérêt.

ALICE

J'ai la phobie des chiens et je panique dès que j'en vois un ! On ne le réalise pas quand on n'a pas peur, mais il y en a vraiment partout ! Un jour, alors que je marchais dans la rue avec ma meilleure amie, un chien est sorti de nulle part et a couru dans ma direction. Le chien m'a sauté dessus et m'a mordu les bras et les jambes. Il avait l'air enragé ! Le temps a paru s'arrêter pendant qu'il m'attaquait. Tout était au ralenti et c'était comme si je voyais la scène de l'extérieur. Je voyais que mon amie criait, mais je ne l'entendais pas. Depuis, j'ai souvent des *flashbacks* de ce chien qui me saute dessus. Je crains de me faire attaquer de nouveau, alors je suis extrêmement prudente et vigilante lorsque je marche dehors. Je sursaute au moindre bruit et j'ai du mal à suivre les conversations de mes amis tellement je suis distraite parce que je vérifie s'il y a des chiens autour de moi.

ROSALIE

Depuis un an, je fais le même cauchemar chaque semaine. Je rêve que la voiture dans laquelle je me trouve dérape sur une chaussée glissante pour finalement frapper de plein fouet la voiture qui roule en sens inverse. Dans mon rêve, les fenêtres de la voiture explosent en mille morceaux. Je reçois alors un grand coup sur la tête, puis je me réveille en sursaut, en sueur. Ce rêve, ce n'est pas seulement un rêve. C'est ce qui m'est arrivé il y a un an. Lorsque j'ai repris connaissance, tout se bousculait autour de moi : il y avait des bruits, un chaos insoutenable. L'incompréhension et la confusion régnaient dans ma tête. À l'hôpital, j'ai appris que ma petite sœur n'avait pas survécu à l'accident. Depuis, je n'arrive pas à reprendre le dessus sur ma vie. Quand je vois son visage dans mes rêves, j'éprouve un sentiment d'horreur et de culpabilité. Je me dis que c'est moi qui aurais dû mourir à sa place. Je continue d'aller à l'école, mais mon cœur n'y est plus. Mes notes ont baissé et j'ai de la difficulté à me concentrer en classe, car je pense toujours à ma sœur. Il peut m'arriver de trembler comme une feuille, soudainement et sans raison, et de me mettre à pleurer devant tout le monde sans être capable de contrôler mes larmes. Je ne veux plus y penser, mais je n'y arrive pas.

LIAM

Je n'arrive plus à dormir la nuit. Je suis à l'affût de chaque bruit et de chaque mouvement dans ma maison. Il y a quelques semaines, un homme est entré chez nous pendant la nuit pour nous voler. Mon père lui hurlait de quitter la maison pendant que ma mère appelait la police. De mon côté, j'étais si terrifié que je suis resté caché sous mes couvertures, impuissant, à entendre des bruits et des cris que je ne comprenais pas. Les policiers sont arrivés, mais l'homme s'était déjà échappé. Depuis ce jour, je refuse de m'endormir, j'ai besoin de vérifier plusieurs fois si les portes sont bien verrouillées le soir et je demande toujours à mes parents si je peux dormir près d'eux. Je parle constamment de cet incident à mes proches, car j'ai besoin qu'ils me rassurent et me promettent que ça n'arrivera plus jamais.

INÈS

Il y a plusieurs mois, je suis allée à une fête chez mon amie Victoria. Oui, j'avais bu, oui, j'avais consommé de la drogue... Mais je me rappelle bien qu'un garçon a commencé à me « tripoter » en m'emmenant dans une chambre. Je ne comprenais pas ce qui se passait. Je ne savais pas quoi faire, je ne savais pas si ce qui se passait était bien ou mal... Mais je me rappelle ses mains baladeuses, je me rappelle lui avoir dit non à plusieurs reprises. J'avais peur de quitter la pièce. Plusieurs personnes m'ont dit que j'aurais dû être plus ferme, que je n'aurais pas dû consommer, que j'avais juste à m'en aller, que j'avais l'air d'avoir du plaisir et de vouloir être avec lui. Depuis, je me sens sale et mauvaise. Je bois de plus en plus d'alcool pour éviter de ressentir mes émotions et de penser. Je m'enferme dans ma chambre la plupart du temps, je m'automutile et je ne veux plus aller aux soirées où mes amis m'invitent.

ÉVA

L'été dernier, je suis partie en vacances à la mer avec toute ma famille, incluant mon cousin, qui a le même âge que moi. Mon cousin ne savait pas bien nager, alors il préférait toujours rester sur le bord de l'eau. Mais moi, j'avais envie d'aller dans la partie plus profonde pour sauter dans les vagues! Un jour, j'ai enfin réussi à le convaincre de s'aventurer avec moi un peu plus loin dans la mer. On s'amusait bien jusqu'à ce qu'une grosse vague apparaisse et nous submerge. Je n'ai eu aucune difficulté à remonter à la surface, mais mon cousin a été littéralement englouti par la vague. Lorsque j'ai réalisé qu'il se noyait, je voulais crier « au secours », mais aucun son ne sortait de ma bouche. Heureusement, un sauveteur de la plage est venu immédiatement à sa rescousse. Il l'a sorti de l'eau et a réussi à le réanimer. Depuis ce jour, je revois souvent la scène dans l'eau avec mon cousin inanimé à côté de moi. Je fais des attaques de panique qui me donnent l'impression de manquer d'air et de me noyer moi aussi. Mes proches ont remarqué que mon attitude a changé, mais ils ne comprennent pas ce qui m'arrive. Je refuse de parler de ce que je vis à quiconque, car je me sens trop mal. J'ai souvent des réactions agressives et j'explose de colère pour un rien.

Toi aussi, tu as vécu un événement traumatisant ?

Peut-être as-tu vécu une situation similaire, ou peut-être aussi que ton histoire est complètement différente. Si tu as déjà vécu une situation marquante, déstabilisante et traumatisante, sache que tu n'es pas la seule personne dans cette situation. La vie peut être parsemée d'incidents, d'imprévus, et même de terribles moments.

As-tu déjà parlé de ce qui t'est arrivé à quelqu'un ? Si ta réponse est « non », sache qu'il est vraiment important de ne pas t'isoler avec ta souffrance. Ne la garde pas secrète, même si, parfois, l'envie d'en parler n'y est pas.

En parler me fait tellement souffrir ! C'est comme si je revivais la scène. En plus, les gens risquent de me reprocher d'avoir été faible et lâche. Ils vont me dire que j'avais juste à me défendre. Non, il vaut mieux tenter d'oublier tout ça.

Mon accident s'est produit il y a deux ans... Je devrais déjà être passé à autre chose. En parler ne m'aidera pas à tourner la page.

Tout ce qui est arrivé est ma faute. Je n'aurais jamais dû entraîner mon cousin dans les vagues. Si j'en parle à quelqu'un, les gens vont découvrir que je suis un monstre.

Mes parents ont trop de peine pour s'occuper de moi. Je ne veux pas leur ajouter un poids sur les épaules en leur parlant de mes problèmes. Les gens sont mal à l'aise et ne savent pas quoi me dire. On me répète que le temps va arranger les choses, alors ça ne sert à rien d'en parler davantage. Je n'ai plus qu'à attendre que ça passe.

Tu sais, il peut être normal d'avoir du mal à parler de ce qui t'est arrivé. Cependant, tu ne pourras pas aller de l'avant si tu caches ta douleur. Essaie de trouver des gens dans ton entourage avec qui tu te sentirais assez à l'aise pour te confier. Trouve une personne en qui tu as pleinement confiance, qui pourra te comprendre et, surtout, qui ne jugera pas la situation. Peut-être un de tes parents ? Un oncle ou une tante ? Un enseignant ou une entraîneuse ? Un ami ou une amie proche ?

Si tu ne vois personne qui peut t'aider et que tu sens que tu évites le sujet pour différentes raisons, nous t'encourageons fortement à chercher l'aide d'un ou d'une psychologue qui pourra t'aider à traverser cette épreuve. Au Québec, il est possible d'obtenir les services d'un ou d'une psychologue à ton école, au CLSC de ton quartier ou en clinique privée. Tu peux effectuer une recherche sur le site de l'Ordre des psychologues du Québec (ordrepsy.qc.ca).

Il existe également des lignes d'écoute téléphoniques complètement confidentielles et gratuites, comme Tel-Aide ou Jeunesse, J'écoute. Renseigne-toi !

SECTION 1

DÉMYSTIFIER LE TROUBLE DE STRESS POST-TRAUMATIQUE

CHAPITRE 1

Comprendre ce qui t'arrive

Tu t'en doutes bien, des événements comme ceux dont on a parlé précédemment peuvent faire subir un choc immense. On a souvent l'impression que les histoires tragiques n'arrivent qu'aux autres ! En plus, les événements bouleversants ont généralement la fâcheuse habitude d'être inattendus et d'arriver de manière soudaine et imprévisible. Ils surviennent alors que rien ne laissait vraiment présager leur arrivée. Impossible de s'y préparer !

Le choc et la surprise d'un trauma peuvent t'amener à avoir du mal à parfaitement saisir ce qui est en train de se produire. La confusion peut régner dans ton for intérieur. Tu peux avoir l'impression de perdre tes moyens et d'être incapable de réfléchir convenablement, de parler, voire de bouger comme tu le ferais habituellement.

Est-ce que tout ça est bien réel ? Est-ce vraiment en train de se produire ?

J'étais si pétrifié que je suis resté caché sous mes couvertures, je ne savais pas quoi faire d'autre.

J'ai figé, je me sentais comme paralysée. Je lui disais d'arrêter, mais j'étais trop confuse pour sortir de la chambre et appeler à l'aide.

Quand tu vis un choc, ton corps peut réagir de trois manières différentes : il peut **figer, fuir ou se défendre** en contre-attaquant. Ces réactions sont des réflexes sur lesquels tu n'as pas de contrôle. Elles se déploient automatiquement dans ton corps sans que ton cerveau ait à y réfléchir et sans que tu en aies connaissance. C'est l'instinct de survie qui mène! Ces réflexes sont donc là pour te protéger du danger. Ils sont intégrés dans le fonctionnement du cerveau humain depuis des millénaires!

Par exemple, chez les animaux, l'instinct de s'immobiliser devant un animal menaçant peut être crucial pour la survie. Pense à un caméléon qui utilise une tactique de camouflage en s'immobilisant ou à une tortue qui rentre sa tête dans sa carapace lorsqu'elle fige. Certains animaux ont même le réflexe de faire le mort devant un danger imminent! Figer peut donc être utile pour passer inaperçu devant un prédateur ou un agresseur. Évidemment, cela n'a rien d'agréable, et il est bien possible que tu te sentes très vulnérable si tu paralyses ainsi devant un danger.

La dissociation : être dans un état second

La peur peut être extrêmement puissante... parfois si puissante qu'elle engendre un **état de dissociation.** Lors d'événements traumatisants, certaines personnes ont l'impression que tout semble irréel, éloigné ou déformé, que le temps se fige l'espace d'un instant, que chaque action se déroule au ralenti. D'autres personnes parlent plutôt de l'impression d'être à l'extérieur de leur corps, comme si elles regardaient un film ou la scène vue d'en haut. Les événements peuvent sembler se produire dans un brouillard.

Pendant que je me faisais battre par les garçons, c'est comme si c'était une autre personne qui se trouvait à ma place. J'avais l'impression de flotter au-dessus de la scène, un peu comme si j'observais le tout de l'extérieur.

Quand le chien m'a attaquée, c'est comme si le temps s'était arrêté tout d'un coup. Tout semblait au ralenti.

Je ne me souviens pas du tout de ce qui s'est passé après l'arrivée des ambulanciers qui venaient chercher mon cousin. C'est comme si je n'étais pas là.

Ce phénomène s'appelle la **dissociation.** Le choc de l'événement est si grand que notre système psychologique se coupe de la réalité pour nous protéger. On se retrouve en quelque sorte dans un état second. Savais-tu que le corps utilise un mécanisme similaire lors d'une blessure physique sévère ? La douleur ne sera pas ressentie immédiatement pour nous permettre de continuer à fonctionner dans l'urgence d'agir.

Sur le plan psychologique, la dissociation nous permet temporairement de ne pas être en contact avec les émotions qui nous submergent. C'est ce qui explique que notre perception des choses change.

Caché sous mes couvertures, j'entendais les cris de mes parents dans la maison d'une façon tellement étrange, de manière à la fois plus forte et plus distincte, même s'ils étaient loin de ma chambre. J'avais l'impression que ce n'étaient pas leurs voix.

Quand j'ai senti que je ne pouvais pas sortir de la pièce avec le garçon, c'est comme si les choses ne m'atteignaient plus, comme si j'étais gelée ou coupée de mes émotions, je ne ressentais plus rien.

As-tu déjà vécu une expérience similaire ? Si oui, **sache que ce n'est pas du tout dangereux.** C'est un **mécanisme de protection.** Tu n'es donc pas en train de perdre la tête ! Cependant, cela dénote une très grande détresse à l'intérieur de toi.

Parfois, ces sensations étranges peuvent se reproduire à différents moments de ton quotidien, même si tu n'es plus en situation de danger. C'est comme si ton corps voulait constamment utiliser ce système de défense. Cela pourrait t'arriver par exemple lorsque tu parles de l'événement, lorsque tu y penses, lorsque tu es en contact avec des aspects qui te rappellent ce moment bouleversant ou encore lorsque tu vis de nouvelles situations stressantes dans ta vie.

APPRENDRE À S'ANCRER DANS LE MOMENT PRÉSENT

Essaie d'observer s'il y a des situations qui t'amènent à dissocier dans ton quotidien. Si tu observes que ton corps se coupe de la réalité, pour te ramener dans le moment présent et diminuer l'effet de la dissociation, apprends à utiliser tes cinq sens (la vue, l'odorat, l'ouïe, le toucher et le goût) :

- Tout d'abord, exerce-toi à ressentir différents **points d'appui :** *« Je suis assis sur une chaise, je sens que mes pieds touchent le sol, mes fesses sont déposées sur l'assise, mon dos est appuyé sur le dossier. »*
- Ensuite, regarde autour de toi et **observe** les objets qui t'entourent en les nommant. Tu peux aussi remarquer les **odeurs** ou les **sons** dans ton environnement. Enfin, tu peux te fier aux **sensations** sur ta peau ou dans ta bouche.

  « Je suis dans ma chambre et je vois ma lampe, mon téléphone, mes livres. »

  « Je sens le parfum des fleurs et j'entends le bruit des voitures qui passent. »

  « Je touche du papier et un crayon. »

  « Je mâche de la gomme et j'ai un goût de menthe dans la bouche. »

Ces trucs t'aideront à prendre conscience de ton environnement et à reprendre le contrôle sur ton corps lorsqu'il dissocie.

Après avoir vécu un événement traumatique, tu peux aussi avoir l'impression de voyager mentalement dans le temps et avoir des *flashbacks* de l'événement qui reviennent sans cesse. Ces nombreux voyages dans le temps peuvent te faire oublier que tu es en sécurité dans le présent.

Pour t'aider, pose-toi régulièrement la question suivante : « *Est-ce que quelque chose autour de moi m'indique que ce que je crains est en train de se produire, ici et maintenant ?* »

Il peut être utile de t'écrire des phrases d'ancrage qui vont t'aider à te ramener dans le moment présent. Ces phrases t'aideront à te rappeler que tu es en sécurité ici et maintenant. Elles te permettront de prendre conscience de ce qui est différent entre la situation d'aujourd'hui et la situation traumatique du passé. Tu pourras garder ces phrases avec toi et les relire lorsque tu auras l'impression que tes souvenirs t'envahissent.

Inspiré de psychologytools.com

Mon accident est arrivé il y a deux ans. J'ai vieilli depuis !

En cet instant, je me sens anxieuse parce que je suis en train de me rappeler l'accident survenu il y a plus d'un an. Même si j'ai la vive impression de revivre l'accident, la réalité est que ce ne sont que des souvenirs. Ces souvenirs sont douloureux, mais pas dangereux. Je suis en sécurité ici et maintenant.

Qu'est-ce qu'un trauma ?

Une fois le choc passé, on peut reprendre doucement nos esprits et prendre la pleine mesure des événements.

Tu t'en doutes, tout événement bouleversant n'est pas automatiquement considéré comme un trauma. Selon les spécialistes dans le domaine, un événement est considéré comme **traumatique** lorsque la personne a été confrontée à la mort ou à une menace de mort, à une blessure grave ou à des violences sexuelles.

Tu peux développer une réaction traumatique après avoir vécu **directement** un événement, si tu étais sur les lieux et que tu as été une *victime* de l'événement. Mais tu peux aussi développer une réaction traumatique après avoir subi **indirectement** la situation, par exemple si tu as été *témoin* du fait que d'autres personnes ont vécu la situation traumatique ou si tu *apprends* qu'un membre de ta famille ou un ami a vécu l'événement.

Après un trauma, il est possible d'observer des changements dans tes réactions. Le tableau suivant présente une liste de réactions vécues par d'autres jeunes ayant subi un événement traumatique. Repère les réactions qui s'appliquent à toi. Cela peut t'aider à mettre des mots sur ce que tu ressens et à mieux comprendre ce que tu vis.

LES SIGNES QUE TU AS VÉCU UN TRAUMA

TES SOUVENIRS ET TES PENSÉES

Ce qui se passe dans ta tête...

- ◻ Tu as beaucoup de pensées, d'images ou de souvenirs intrusifs de l'événement, c'est-à-dire qui te viennent à l'esprit sans que tu le veuilles.
- ◻ Lorsque ces souvenirs apparaissent, tu te sens en détresse ou très mal dans ton corps.
- ◻ Tu as des *flashback* de l'événement qui semblent réels, comme si tu voyageais dans le passé et que tu revivais l'événement.
- ◻ Quand il y a des indices qui ressemblent à l'événement (p. ex. mêmes bruits, même lieu, mêmes odeurs, même période de l'année), tu te rappelles automatiquement de l'événement et tu te sens très mal.
- ◻ Tu as souvent des pensées négatives par rapport à toi-même, aux autres ou au monde en général (p. ex. « Je suis une mauvaise personne », « On ne peut faire confiance à personne », « Le monde entier est dangereux »).
- ◻ Tu as de la difficulté à te rappeler certains détails de l'événement.

TES RÉACTIONS PHYSIQUES

Ce qui se passe dans ton corps...

- ☐ Tu es irritable, tu as des sautes d'humeur.
- ☐ Tu fais des crises, tu pleures ou tu te fâches souvent pour rien.
- ☐ Tu es agressif ou agressive envers des personnes ou des objets (p. ex. insulter, pousser, lancer, frapper).
- ☐ Tu agis sans réfléchir, tu te fais mal à toi-même (p. ex. automutilation, comportements autodestructeurs).
- ☐ Tu es hypervigilant ou hypervigilante et tu es tout le temps sur tes gardes.
- ☐ Tu sursautes pour tout et pour rien.
- ☐ Tu as de la difficulté à te concentrer (p. ex. à l'école).
- ☐ Tu as de la difficulté à dormir.
- ☐ Tu fais des cauchemars.

TES COMPORTEMENTS

Ce que tu observes comme réactions...

- ☐ Tu fais beaucoup d'efforts pour chasser les souvenirs, les pensées ou les sentiments associés à l'événement.

- ◻ Tu évites toutes les choses qui te font penser à l'événement (p. ex. les personnes, les endroits, les activités, les conversations, les objets).
- ◻ Tu t'isoles, tu n'as pas envie d'aller à l'école ou de sortir de la maison.
- ◻ Tu ne veux pas parler de l'événement.
- ◻ Tu as besoin que tes proches te rassurent ou tu restes près d'eux plus qu'à l'habitude.

TES ÉMOTIONS

Ce que tu ressens dans ton cœur…

- ◻ Tu ressens souvent des émotions désagréables (p. ex. peur, horreur, colère, culpabilité ou honte).
- ◻ Tu as de la difficulté à ressentir des émotions agréables (p. ex. bonheur, satisfaction, sentiments affectueux).
- ◻ Tu as moins envie de faire des choses que tu aimais beaucoup faire avant (p. ex. loisirs, sorties entre amis).
- ◻ Tu te sens différent ou différente, à part des autres.
- ◻ Tu as le sentiment que l'avenir est sombre.

Adapté de Berthiaume et Turgeon (2012).

Dans les premiers jours ou les premières semaines suivant l'événement, il est fort probable que tu aies peur de revivre un événement similaire, et il serait tout à fait **normal** que tu présentes plusieurs de ces réactions. Tu peux vivre ce qui s'appelle un **état de stress aigu.**

En effet, pour te protéger, tu restes en état d'alerte, à l'affût des menaces et des dangers. Ton corps se met en action dans le but d'assimiler la situation, de s'y adapter, d'intégrer les informations liées à l'événement, de leur donner un sens et, surtout, de retrouver un sentiment de sécurité.

Cependant, si tu observes que tes réactions persistent au-delà d'un mois, que tes symptômes t'amènent une grande détresse et que tu as de la difficulté à fonctionner normalement dans ta vie (p. ex. avec ta famille et tes amis ou à l'école), tu peux avoir développé ce que les professionnels et les professionnelles de la santé appellent un

TROUBLE DE STRESS POST-TRAUMATIQUE

ou (pour les intimes!) un

TSPT

Si c'est le cas, nous t'encourageons fortement à aller chercher une aide professionnelle (et à poursuivre ta lecture).

Mais pourquoi ?

Maintenant que tu connais mieux les réactions post-traumatiques, plusieurs questions peuvent te traverser l'esprit. Pourquoi moi? Pourquoi mon corps réagit-il ainsi après un trauma? Pourquoi ce souvenir ne quitte-t-il pas mon esprit? Nous tenterons de répondre à ces interrogations (qui sont tout à fait normales, il est important de le mentionner).

Pourquoi réagis-tu si fortement depuis l'événement ?

À la suite d'un événement traumatique, chaque personne réagit différemment, et plusieurs raisons peuvent expliquer que tu réagisses fortement. Premièrement, indépendamment de l'événement en soi, **ta perception de l'événement ou la façon dont tu l'as vécu peuvent contribuer à l'intensité de tes réactions post-traumatiques.** Par exemple, plus la situation a déclenché chez toi des émotions très fortes comme la peur, l'horreur, le dégoût ou l'impuissance, plus tu risques de développer des symptômes post-traumatiques. Le risque est aussi plus grand si tu as senti ta vie menacée, si une personne proche est décédée ou si tu as dissocié durant l'événement.

Deuxièmement, **tes caractéristiques personnelles *avant* l'événement peuvent influencer tes réactions.** Par exemple, ton type de personnalité peut t'amener à interpréter les événements de la vie d'une certaine manière. L'âge que tu avais au moment de l'événement peut aussi influencer tes réactions. Si tu étais très jeune, tu risques davantage de développer des symptômes post-traumatiques, car les enfants sont plus vulnérables et possèdent généralement moins de ressources que les adultes pour faire face au danger. Enfin, les épreuves difficiles que tu aurais pu vivre au fil du temps (p. ex. un déménagement, la perte d'amis, la séparation des parents ou la maladie) peuvent faire diminuer ton seuil de tolérance au stress et te rendre ainsi plus vulnérable.

Troisièmement, **des facteurs présents après l'événement peuvent avoir un effet sur tes réactions post-traumatiques.** Par exemple, le soutien social que tu reçois ou non de tes proches, le fait de subir des procédures judiciaires ou une médiatisation de l'événement, le jugement que les autres posent sur la situation, les séquelles physiques que tu as pu subir, le risque que l'événement se reproduise de nouveau, le fait d'entretenir des pensées très négatives ou catastrophiques, etc.

En résumé, il est difficile d'établir si une personne se relèvera facilement ou non d'un trauma en évaluant seulement l'événement lui-même. Tous ces facteurs sont à prendre en considération. Il convient donc de ne jamais juger tes propres réactions, ni celles des autres.

Pourquoi es-tu constamment sur tes gardes ?

Avant de subir un événement traumatisant, la plupart des gens ont tendance à avoir confiance en la vie, à se dire que ces choses-là n'arrivent qu'aux autres ou seulement dans les films. S'ils réalisent ensuite que les situations bouleversantes peuvent survenir n'importe quand et toucher n'importe qui, ils peuvent avoir tendance à vouloir prévenir le pire.

Si c'est ton cas, tu risques d'analyser davantage les situations, d'être plus sensible aux bruits ou aux réactions des autres. Le fait d'être constamment sur tes gardes, ce que l'on appelle l'« hypervigilance », peut te donner l'impression de mieux te protéger.

LE GARDIEN DU CHÂTEAU

Imagine que tu vis dans une magnifique forteresse et qu'on t'a assigné la responsabilité de veiller sur le pont-levis afin de protéger le château des ennemis.

Un jour, le fort a subi une attaque, et une grande partie du château a été détruite. Depuis ce temps, tu prends ton rôle de vigile encore plus au sérieux afin que ce genre d'événement horrible ne se reproduise plus jamais. Ainsi, de jour comme de nuit, tu veilles sans relâche à guetter les parages. L'épuisement te gagne rapidement et tu ne parviens plus à jouir de la vie, qui a pourtant repris de plus belle au château. Ton principal objectif consiste à assurer la protection des lieux en veillant à lever rapidement le pont-levis à la moindre menace potentielle.

En temps normal, tu réagirais à la vue d'une armée qui arriverait au loin. Mais désormais, la peur et l'anticipation t'amènent à lever le pont-levis aux moindres mouvements louches dans les environs : un lièvre qui court dans le pré, un villageois qui se promène, le bruit du vent...

Ton système de protection, devenu beaucoup trop sensible, sonne l'alarme au moindre signe. En réalité, ton seuil de protection n'est plus proportionnel au niveau de menace.

CHAPITRE 2

Un système d'alarme hypersensible !

Pendant l'événement traumatique, ton cerveau réagit en déclenchant automatiquement toutes sortes de sensations physiques dans ton corps afin de te signaler qu'il y a un danger dans ton environnement. Tout ton corps se prépare ainsi à réagir à la menace. Ces réactions physiques représentent en quelque sorte un **système d'alarme interne** présent chez tous les êtres humains et qui se déclenche dès qu'un danger est perçu. Cela se fait de manière naturelle et automatique, tu n'as même pas besoin d'y penser !

En situation de danger (réel ou imaginé, le cerveau ne fait pas cette distinction, il se prépare à toute éventualité), ton corps va sécréter de **l'adrénaline.** C'est une molécule que ton cerveau produit pour préparer ton corps à fuir, à combattre ou à se défendre. Le tableau suivant présente toutes les transformations qui se produisent dans ton corps lorsqu'il se prépare à survivre à un danger.

LES EFFETS DE L'ADRÉNALINE

Si tu te sens étourdi(e)...	◻ c'est parce que tu as trop d'oxygène dans le sang. Cela s'explique par le fait que tu respires trop vite.
Si tu as l'impression que tu vas t'évanouir...	◻ c'est parce qu'il y a moins de sang qui circule dans ton cerveau. Mais sache qu'il est impossible de t'évanouir quand tu fais une attaque de panique. En effet, un niveau élevé d'anxiété fait augmenter la pression sanguine, alors que pour s'évanouir, la pression sanguine doit diminuer !
Si tu as l'impression de manquer d'air...	◻ c'est parce que les muscles qui permettent ta respiration se contractent pour que tes poumons puissent prendre de l'expansion afin de te préparer à fournir un grand effort.
Si ta respiration est plus rapide...	◻ c'est parce que tes bronches se dilatent pour augmenter la quantité d'oxygène qui doit se rendre aux muscles de ton corps.

Si ta vision devient embrouillée…	□ c'est parce que ta vision s'aiguise pour se centrer sur le danger. Tu peux avoir une « vision tunnel », qui augmente ta vigilance vers un seul endroit, rendant les autres détails environnants moins perceptibles. Tes pupilles peuvent aussi se dilater pour activer ta « vision périphérique » et te permettre d'être plus vigilant par rapport à toute menace éventuelle autour de toi.
Si tu as mal au cœur ou mal au ventre…	□ c'est parce que ton sang cesse de se diriger vers ton système digestif. C'est normal, la digestion est moins prioritaire en situation de danger !
Si tu as la bouche sèche… **Si tu as la peau froide…** **Si tu as les mains moites…**	□ c'est parce qu'il y a moins de salive dans ta bouche et moins de sang aux extrémités de ton corps (lèvres, mains, pieds) pour économiser l'énergie. Le sang est dirigé vers les parties plus vitales (p. ex. cœur et jambes). Il y a donc moins de risque de perdre du sang en cas de blessure grave.
Si tu transpires beaucoup…	□ c'est pour rééquilibrer la température de ton corps.

Si ton cœur bat vite...	c'est parce que ta pression sanguine augmente pour acheminer du sang et de l'oxygène partout dans ton corps dans le but de te préparer à l'action.
Si tes muscles deviennent tendus... **Si tes bras ou tes jambes tremblent...**	c'est parce que tes muscles se remplissent de sang pour pouvoir mieux fuir le danger. Ton sang se rend en priorité vers tes plus gros muscles puisque ce sont eux qui sont utiles pour réagir de manière efficace. Par exemple, les muscles de tes cuisses te permettent de courir plus vite, alors que les muscles de tes bras te permettent de soulever quelque chose de très lourd en cas de besoin. Lorsque tes muscles sont trop contractés, cela peut causer des tremblements.

Bien sûr, si tu es dans l'action, tu ne réaliseras pas tous ces changements dans ton corps. Cependant, si toutes ces réactions se déclenchent alors que tu n'en as guère besoin (fausse alerte !), tu ressentiras un énorme malaise. L'adrénaline sécrétée sans être utilisée génère des sensations très inconfortables dans ton corps !

Bien qu'elles soient très désagréables, sache que **ces sensations ne sont pas dangereuses pour toi.** Le cerveau est bien fait ! Une fois qu'il constatera qu'il n'y a pas de danger réel autour de toi, il cessera de déployer tous ces efforts pour te protéger, et le système d'alarme s'éteindra par lui-même.

Par conséquent, tu dois apprendre à bien connaître ton corps et à faire preuve de patience ! Laisse plusieurs longues minutes à ton système pour se ressaisir et revenir au calme à la suite des fausses alertes. L'adrénaline prend toujours un certain temps avant d'être réabsorbée complètement.

Malheureusement, **après un trauma, ton cerveau peut devenir ultrasensible aux menaces** et faire sonner l'alarme à plusieurs moments pour que tu restes alerte AU CAS OÙ tu ferais face à une nouvelle situation de danger.

De plus, lorsque des souvenirs de l'événement te reviennent en tête, ton cerveau ne fait pas la différence entre l'événement traumatique que tu as vécu dans le passé et le souvenir de l'événement qui se présente dans le moment *présent*. Il déclenche alors le système d'alarme comme si tu étais de nouveau en danger et tu ressens les mêmes sensations physiques que celles vécues lors de l'événement traumatique.

C'est la raison pour laquelle tu ressens constamment cette peur au ventre et que tu as l'impression que la situation pourrait se produire à nouveau. Ton cerveau te maintient dans un état d'alerte exagéré et te garde en hypervigilance pour prévenir les menaces potentielles dans ton environnement.

Après l'école, lorsque je rentre à la maison en marchant, je regarde compulsivement derrière moi pour être certain de ne pas être suivi.

Si tu as développé un **réflexe d'hypervigilance,** tu as peut-être remarqué que cela peut parfois t'empêcher de conserver ta concentration à l'école ou encore lorsque tu lis, lorsque tu écoutes la télévision ou lorsque les autres te parlent. Peut-être aussi que ta mémoire te fait faux bond à l'occasion puisque tu n'encodes plus aussi bien les informations du quotidien, ton cerveau étant plutôt absorbé par l'analyse des menaces potentielles.

Qu'est-ce que mon amie vient de me demander, déjà ? Je ne sais plus, j'étais occupée à analyser la présence de chiens autour de moi.

À force de suranalyser ton environnement, tu peux parfois en venir à percevoir des menaces qui n'existent pas réellement. Ainsi, ton système d'alarme peut devenir ultrasensible et s'activer continuellement, ce qui peut engendrer des **attaques de panique.**

Les attaques de panique

Les attaques de panique représentent des « pics » d'anxiété qui surviennent généralement de manière soudaine et inattendue. Elles te prennent souvent par surprise et peuvent être si intenses qu'elles provoquent des sensations très déplaisantes dans ton corps.

LE LORS D'UNE ATTAQUE DE PANIQUE, TU PEUX AVOIR LES SENSATIONS SUIVANTES :

- ◻ de fortes palpitations au cœur;
- ◻ une respiration plus rapide ou un souffle court;
- ◻ des picotements ou des engourdissements aux mains ou aux pieds;
- ◻ des nausées;
- ◻ des étourdissements;
- ◻ des sueurs froides;
- ◻ une pression douloureuse à la poitrine;
- ◻ des mains moites;
- ◻ des jambes molles;
- ◻ des tremblements;
- ◻ l'impression de faire une crise cardiaque;
- ◻ l'impression de perdre la tête ou de ne plus avoir le contrôle de toi-même;
- ◻ l'impression de t'évanouir.

Ces symptômes ne sont pas dangereux, même s'ils peuvent être très désagréables. Il y a une explication bien logique à toutes ces sensations physiques. Réfère-toi au tableau qui montre comment l'adrénaline agit dans ton corps lorsque ton cerveau perçoit un danger (réel ou non).

En d'autres mots, une attaque de panique, **c'est une fausse alarme qui survient à cause de la perception d'un danger qui n'est pas réel dans le moment présent.**

L'autre jour, une amie m'a invitée chez elle pour que nous puissions faire nos devoirs ensemble. À la fin de notre séance d'étude, elle m'a demandé si j'avais envie d'une baignade dans sa piscine. À ce moment, mon cœur s'est mis à battre très vite et très fort dans ma poitrine. J'ai rapidement senti une très forte pression au niveau du thorax. C'était comme si je manquais d'air, comme mon cousin! Je me suis sentie étourdie et j'ai eu peur de m'évanouir...

Que faire lorsque la panique monte?

Voici trois trucs pour t'aider à mieux gérer les sensations désagréables de ton corps dans les moments où tu ressens une forte anxiété.

TRUC #1 : Pense aux 3R

Relâche les muscles de ton corps

Le relâchement du corps va permettre à ton cerveau de comprendre qu'il n'y a pas lieu de réagir ainsi. Rappelle-toi que les sensations sont désagréables, mais pas dangereuses. Tu peux donc déjà commencer à te décontracter et à cesser de craindre tes sensations physiques pour ne pas augmenter la panique inutilement. Évite la peur d'avoir peur!

Reste sur place

Inutile de quitter l'endroit s'il n'y a pas de danger réel. Si tu vois que les gens qui t'entourent ne semblent pas en état de panique, reste sur place au lieu de fuir la situation. En restant sur place et en tolérant l'anxiété, tu envoies le message à ton système d'alarme qu'il se trompe et qu'il peut cesser de sonner. L'anxiété ne peut monter à l'infini, elle finira par diminuer lorsque ton cerveau aura compris qu'il s'agit d'une fausse alerte.

Respire lentement et profondément

(Voir le truc suivant.)

TRUC #2 : Apprends à bien respirer*

Après une expérience bouleversante, ce sera ESSENTIEL d'apprendre à détendre ton corps par la respiration. Attention ! Tu pourrais peut-être penser que tu sais déjà respirer, mais il ne s'agit pas ici de respirer comme tu le fais tous les jours ! L'idée est plutôt de respirer de manière à détendre ton corps au maximum et à calmer ton système nerveux.

As-tu remarqué que sous l'effet du stress, on a tendance à respirer de manière très rapide et superficielle, par la poitrine ? En état de panique, tu peux même avoir l'impression de manquer d'air et hyperventiler ! Ce type de respiration empêche malheureusement les poumons de se remplir

*Tu peux utiliser l'application RespiRelax ou tout autre outil de cohérence cardiaque pour t'aider à retrouver un état de calme.

d'oxygène, ce qui ne permet pas au corps de se détendre. Par conséquent, pour atténuer ton anxiété, tu dois apprendre à ralentir le rythme de ta respiration.

La respiration par le ventre a pour effet de faire pénétrer plus d'oxygène dans ton corps et de détendre tes muscles. En gonflant ton ventre de manière exagérée lorsque tu inspires, tu vas étirer ton diaphragme, ce qui aura pour effet de stimuler un nerf qui s'appelle le nerf pneumogastrique. Celui-ci enverra une commande à ton cerveau pour qu'il interrompe la sécrétion des hormones du stress, créant ainsi une plus grande détente.

EXERCICE «««

TECHNIQUE DE RESPIRATION

Pour apprendre à développer une meilleure respiration, exerce-toi en faisant dix respirations lentes et profondes, deux fois par jour, tous les jours !

- Assieds-toi ou étends-toi confortablement, puis pose une main sur ton ventre et l'autre sur ta poitrine.
- Inspire par le nez en gonflant ton ventre au maximum pour qu'il ressemble à un gros ballon... LENTEMENT, PROFONDÉMENT...
- Puis, expire par le nez en t'assurant que ce ballon se dégonfle le plus possible. Cette expiration est aussi très importante pour créer la détente.
- Pour t'aider à garder un rythme régulier dans ta respiration, tu peux te dire dans ta tête « RE-LA-XE ».

TRUC #3 : Apprends à relaxer ton corps

Un autre truc pour permettre à ton système nerveux de s'apaiser est d'apprendre des techniques de relaxation. Avant de juger que « c'est plate » ou que « ça ne marchera pas », donne-toi la chance d'essayer au moins une fois. Tu verras que ça peut vraiment aider ton corps à se détendre !

TECHNIQUE DE RELAXATION

EXERCICE

Étends-toi sur le dos, dans un endroit calme et sécurisant. Ensuite, serre fort pendant quelques secondes les différents groupes de muscles ci-dessous, puis relâche d'un seul coup cette forte tension.

- ☐ Serre fort tes mains, comme si tu pressais un ***citron.***
- ☐ Étire tes bras devant toi, puis lève-les vers le ciel, comme si tu imitais un ***chat.***
- ☐ Rentre ta tête dans tes épaules, comme si tu étais une ***tortue.***
- ☐ Ouvre grand ta bouche et serre ta mâchoire, comme si tu mordais dans une ***pomme.***
- ☐ Plisse les muscles de ton front et serre tes dents, comme si tu faisais une ***grimace.***
- ☐ Gonfle ton ventre comme un ballon, puis dégonfle le ***ballon.***

- Plie tes deux bras et rapproche tes coudes par derrière, comme si tu imitais une ***poule.***
- Lève tes jambes et pointe légèrement les orteils vers l'intérieur. Fais comme si tu marchais pieds nus dans la ***boue*** et que tu tentais de pousser la boue avec tes pieds.
- Serre tout ton corps, en imaginant que ton corps entier est un ***spaghetti*** dur, puis deviens un spaghetti cuit.

Pour apprendre à relaxer ton corps, exerce-toi avec cette technique une fois par jour, par exemple avant de te coucher.

Une fois que tu as terminé cet exercice, prends quelques instants en position assise ou couchée et observe la sensation de détente qui s'est installée dans ton corps. Ne sous-estime pas cette technique ! À force de t'exercer, tu sauras la maîtriser et elle fera partie des trucs que tu pourras utiliser après un événement bouleversant pour aider ton corps à se calmer.

Pourquoi revis-tu sans arrêt l'événement dans ta tête ?

Après un trauma, il est possible que tu aies tendance à revivre l'événement de différentes manières : souvenirs souffrants qui apparaissent soudainement, cauchemars, images intrusives. Cela peut survenir sans que tu t'y attendes, comme une bombe qui explose !

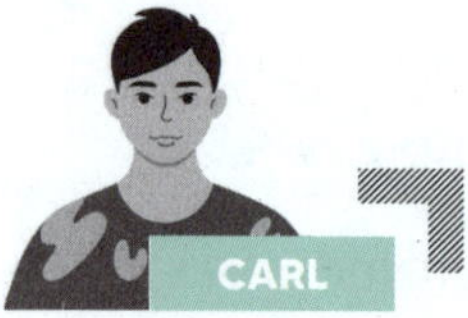

Je fais des cauchemars plusieurs fois par semaine. Je rêve que j'entre à l'école et que tous les élèves m'attaquent. C'est horrible chaque fois !

Si cela t'arrive, c'est un signe que ton cerveau cherche à digérer ce qui s'est passé. Un événement traumatisant s'accompagne d'une quantité incroyable d'informations, parfois en très peu de temps. Il s'agit d'une grande quantité de données à assimiler en même temps. Les images et les données de l'événement sont emmagasinées dans ta mémoire, mais sans être intégrées à tout le reste.

En plus, les événements bouleversants s'accompagnent souvent d'émotions intenses et parfois contradictoires. Pendant la situation, on cherche généralement à survivre et on ne s'applique pas à analyser les informations ni à les traiter pour les encoder correctement. Cela explique pourquoi ces informations ressurgissent souvent par la suite sous forme **d'images ou de souvenirs intrusifs.**

Les informations liées à l'événement nécessitent d'être traitées, classées, digérées, assimilées, encodées, analysées... **Le cerveau a besoin de comprendre ce qui s'est produit durant la situation traumatique, de lui donner un sens.** Tenter de comprendre t'amènera nécessairement à te replonger dans la situation. Y penser ravivera aussitôt la détresse et les émotions associées.

Malheureusement, tu ne pourras pas contrôler l'arrivée des images intrusives. Elles apparaîtront, que tu le veuilles ou non. Si tu essaies de les chasser, elles reviendront, parfois même encore plus souvent. Si on pouvait contrôler toutes les idées qui surgissent dans notre tête, la souffrance psychologique n'existerait probablement pas !

Tu devras d'abord et avant tout **apprendre à accueillir ces images, leur faire une place dans ta tête, les apprivoiser pour qu'elles deviennent moins douloureuses.** Ton cerveau ne peut pas traiter et digérer ces images si tu les fuis !

Il est possible que ça te fasse peur d'accueillir les souvenirs et les images parce qu'évidemment, c'est douloureux et bouleversant. N'hésite donc pas à consulter un ou une psychologue qui pourra t'accompagner dans ce travail d'intégration. Cela permettra d'atténuer les cauchemars et les *flashbacks*. Un professionnel ou une professionnelle d'expérience pourra t'aider à t'exposer aux souvenirs difficiles afin de te permettre de t'y habituer et de vivre moins de souffrance lorsque tu y penses. Traiter chaque information permettra à ton cerveau de mieux classer les données associées à l'événement. Elles deviendront ainsi moins envahissantes.

QUEL CASSE-TÊTE !

Après un trauma, les souvenirs que tu gardes de l'événement s'apparentent aux pièces d'un casse-tête. Les morceaux sont en désordre et gardés dans une petite boîte. En d'autres mots, tes souvenirs de l'événement sont constitués de fragments d'images qui sont enregistrés dans une partie de ton cerveau.

Cependant, les morceaux du casse-tête sont tellement mélangés et mal placés dans la boîte que cette dernière s'ouvre constamment et plusieurs pièces s'en échappent. C'est vraiment agaçant ! Ainsi, chaque fois que tu vis quelque chose qui te rappelle l'événement traumatique, un flot de souvenirs surgit et tu ressens de la détresse.

Quelle solution proposerais-tu à ce problème de casse-tête ? Si ta solution est de remettre les pièces dans la boîte n'importe comment et le plus vite possible, il s'agirait d'une stratégie d'évitement que tu connais sans doute. Cette solution ne règle pas vraiment le problème. La boîte continuerait d'être pleine à craquer et de s'ouvrir continuellement. Les pièces doivent être mieux rangées dans la boîte; les images intrusives et les souvenirs doivent être traités !

Pour traiter les symptômes d'intrusion liés au stress post-traumatique, il est préférable :

- de sortir doucement les morceaux du casse-tête de la boîte, un à un;
- d'examiner chaque pièce en la plaçant avec soin sur le plancher;
- de mettre les morceaux au bon endroit pour résoudre le casse-tête.

De cette façon, les souvenirs de l'événement traumatique prennent un sens et trouvent leur place dans ton histoire. Après avoir effectué ce travail, tu pourras décider si tu souhaites ressortir les pièces du casse-tête de la boîte et à quel moment. Mais ce qui est sûr, c'est que ces souvenirs ne reviendront pas te hanter aussi souvent.

Inspiré de psychologytools.com

Tes souvenirs t'envahissent même la nuit !

Après un choc psychologique, **il peut être normal que tes nuits soient plus difficiles.** Tout d'abord, les cauchemars peuvent nuire à un sommeil récupérateur. Dans ce cas aussi, un travail avec un ou une psychologue pourrait t'aider. De plus, il est très possible que tu sentes trop de tension ou d'anxiété pour t'abandonner au sommeil. Le relâchement nécessaire au sommeil est incompatible avec le désir de se protéger, d'être sur ses gardes. C'est donc un bon moment, avant de t'endormir, pour t'exercer à calmer ton système nerveux par la respiration et la relaxation.

Enfin, si tu appréhendes d'aller au lit parce que le sommeil est pénible, tu risques d'alimenter une attitude d'inquiétude non propice au sommeil. Maintenir une bonne hygiène de sommeil sera fondamental.

ASTUCES POUR T'AIDER À MIEUX DORMIR

- Tâche de te coucher et de te lever à des heures régulières. Le fait d'avoir une routine stable entraîne ton cerveau à être actif durant le jour et à se reposer lorsque c'est la nuit. Les siestes sont à éviter, et ce, même si tu ressens énormément de fatigue !
- Essaie d'utiliser ton lit seulement pour dormir. Il n'est pas recommandé de regarder la télévision (ou tout autre écran), de manger ou de travailler dans ton lit, car tu risquerais alors d'associer le lit à ces autres activités.

- ☐ Maintiens un environnement favorable au sommeil (sans bruit, sans lumière, température confortable, etc.).
- ☐ Mets-toi au lit seulement lorsque tu t'endors vraiment. Si le sommeil ne vient pas au bout de vingt minutes, relève-toi, va lire au salon et reviens plus tard.
- ☐ Ne consomme pas d'aliments gras ou difficiles à digérer (p. ex. chips, poutine) au moins quatre heures avant d'aller au lit.
- ☐ Évite l'alcool et les drogues.
- ☐ Évite tout ce qui contient de la caféine ou du sucre avant de te coucher (p. ex. desserts, boissons gazeuses, café, thé).
- ☐ Évite de boire trop d'eau afin de ne pas avoir à te lever pendant la nuit.
- ☐ Évite les cigarettes parce qu'elles contiennent de la nicotine et qu'il s'agit d'un stimulant.
- ☐ Évite de faire des activités physiques juste avant de te coucher. Opte plutôt pour une routine relaxante, comme prendre un bain, lire un livre, écouter de la musique apaisante. Cependant, il est bénéfique de faire de l'activité physique durant la journée, car cela amène une fatigue physique naturelle et permet d'évacuer l'anxiété, ce qui t'aidera à mieux dormir le soir.

Finalement, fais attention à la manière dont tu te « parles » ou à ce que tu te dis par rapport au sommeil. **Évite les discours intérieurs négatifs** comme : « Ah non ! Si je ne dors pas cette nuit, je vais tomber de fatigue demain et je n'arriverai pas à me concentrer en classe ! », ou encore : « Il faut que je m'endorme pour être en forme demain matin. » Ce genre de pensées génère de l'anxiété et empêche d'avoir une attitude propice au sommeil.

Essaie plutôt de maintenir des pensées plus encourageantes, comme : « Ce n'est pas la fin du monde si je ressens un peu de fatigue demain. Au pire, je vais me coucher plus tôt demain soir », ou bien : « Je finirai bien par m'endormir cette nuit, c'est ce qui finit toujours par arriver. ».

Pourquoi tant d'aspects du quotidien te rappellent-ils l'événement ?

Lors d'un événement traumatisant, ton cerveau crée une **association** entre ton sentiment de peur et l'ensemble des éléments qui étaient présents autour de toi au même moment. C'est comme si ta peur avait été tellement forte que ton cerveau avait enregistré que ces autres éléments pouvaient aussi être menaçants.

Cela explique que, par la suite, si tu te retrouves en contact avec des éléments associés à l'événement, comme des objets, des bruits, des odeurs, des contextes, des lieux précis, certains types de personnes ou encore une période particulière de l'année, tu risques de te sentir comme si l'événement était en train de se reproduire. Tu pourrais alors éprouver une forte anxiété ou une grande détresse.

Observe comment tous les éléments qui étaient présents lors de l'événement peuvent, par association, devenir des éléments qui sont source d'anxiété par la suite.

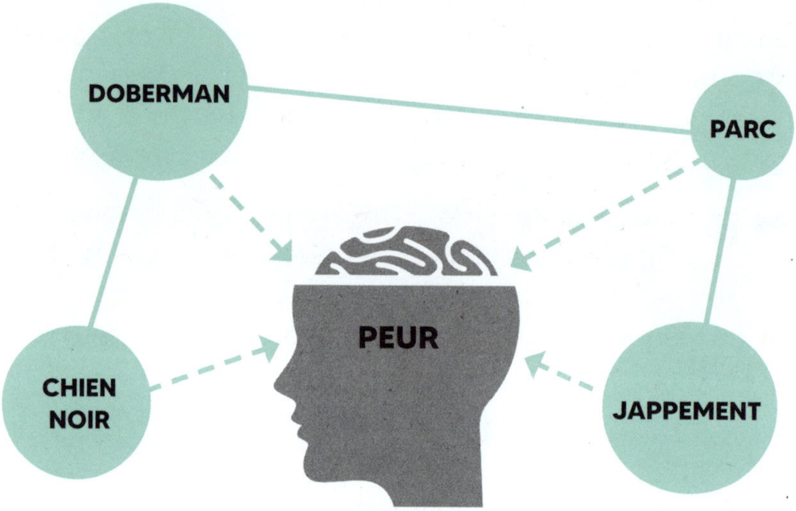

Dès que je vois un chien dans la rue, peu importe lequel, je panique! Et depuis quelque temps, il n'y a pas que les chiens qui déclenchent mon anxiété. Il y a également les balades à la campagne et les moments où je dois me déplacer en marchant plutôt qu'en voiture. Il y a de plus en plus de choses qui me rendent anxieuse.

Pour ma part, tous les garçons (même ceux qui sont mes amis), l'alcool, les fêtes d'amis, les moments où je me trouve dans une pièce avec d'autres personnes et où il pourrait être difficile de fuir... toutes ces situations me font paniquer!

Depuis la noyade de mon cousin, j'ai très peur de l'eau, que ce soit une piscine, un lac ou la mer, et j'ai besoin qu'un adulte soit près de moi, alors que je sais très bien nager. Je ne me sens plus aussi sûre de moi. On dirait aussi que tout ce qui était présent lors de l'événement ravive ma peur : la vue du sable, le goût du sel dans l'eau, les coquillages, la crème solaire.

Parfois, l'association peut être si forte que certains éléments pourraient à eux seuls provoquer des attaques de panique. Si ton cerveau évalue qu'il y a un danger potentiel, la peur peut prendre le dessus. Rappelle-toi les règles d'or évoquées plus tôt pour faire face à la panique (les 3 « R »).

Lorsque l'on vit une situation bouleversante, souvent, la première chose que l'on perd est notre sentiment de sécurité.

CHAPITRE 3

Éviter l'évitement

Le fait d'être exposé à une situation où on se sent en danger est extrêmement *vulnérabilisant*. Ressentir notre vulnérabilité peut être T-E-R-R-I-F-I-A-N-T. C'est comme si on est au bord d'un précipice avec rien pour nous protéger, complètement à nu et sans défense. Il est donc tout à fait normal de chercher à éviter tout risque de danger après un tel événement afin de ne plus revivre cet état de vulnérabilité extrême.

Le cerveau est bien fait : pendant l'événement traumatique, il a bien enregistré le danger et les éléments qui y sont associés. Par la suite, dès qu'il reconnaît des similarités entre ce que tu vis dans ton quotidien et l'événement passé, il t'envoie un signal de peur pour éviter que tu revives la situation traumatique. Ton cerveau te crie haut et fort : « Je ne veux plus JAMAIS me sentir aussi vulnérable ! », ou encore : « Tu ne dois ABSOLUMENT PAS te remettre dans une situation similaire ! »

Tu peux donc sentir une force naturelle à l'intérieur de toi qui te pousse à éviter tout ce qui ressemble à la situation traumatique. Lorsque tu t'éloignes de la situation qui te paraît menaçante, tu ressens un soulagement instantané. L'évitement fonctionne ainsi comme un bouclier ou un mécanisme de protection naturel qui cherche à te protéger d'un danger potentiel.

Il existe deux types d'évitement :

- **l'évitement cognitif,** c'est-à-dire éviter de penser à l'événement ou d'en parler;
- **l'évitement comportemental,** c'est-à-dire éviter des endroits, des situations, des contextes, des objets, des personnes, bref tout ce qui pourrait t'amener à te sentir comme tu te sentais pendant l'événement.

Je ne veux plus aller à l'école ou même sortir de la maison. Je veux toujours rester seul.

Je remplis chaque heure de mon horaire par une activité. Je veux occuper constamment mon esprit pour éviter d'être envahie par les images de l'accident.

Dès que j'entends le mot « chien », je me sauve!

Je ne vais plus aux fêtes organisées par mes amis et je me coupe de mes émotions en consommant de l'alcool ou en m'automutilant.

Ça ne m'amuse plus d'aller dans l'eau. J'évite de nager seule lorsque je suis à la piscine ou à la plage, et je refuse de parler de mon problème à qui que ce soit, car j'ai l'impression que ça risque d'empirer la situation.

ÉVITER OU SUPPRIMER SES PENSÉES... EST-CE QUE ÇA FONCTIONNE ?

Il arrive à tout le monde d'avoir des pensées, des images ou des souvenirs intrusifs. Les pensées intrusives sont celles que nous n'avons pas choisi d'avoir : elles font « intrusion » et s'imposent à notre esprit.

S'il t'arrive de voir ainsi surgir des pensées ou des souvenirs douloureux, il est naturel de vouloir les repousser. Malheureusement, le cerveau humain n'est pas conçu pour NE PAS penser à quelque chose. Tente l'expérience suivante.

Pendant les trente prochaines secondes, essaie du mieux possible de ne pas penser à un chameau. Oui, oui, c'est bien ça, utilise toutes tes forces mentales pour NE PAS penser à un chameau. Ensuite, compte combien de fois tu as pensé à un chameau.

Et puis, qu'as-tu remarqué ? Tu as probablement trouvé très difficile de chasser l'image du chameau. C'est normal ! C'est ce que l'on appelle l'« effet chameau » : plus nous essayons de NE PAS penser à quelque chose, plus nous y pensons !

La conclusion ? Tenter d'éviter tes pensées douloureuses, ça ne fonctionne pas. Pire : ça peut même engendrer l'effet contraire ! Tu risques de penser encore plus à tes souvenirs lorsque tu essaies de les supprimer de ton esprit.

Inspiré de psychologytools.com

Les pièges de l'évitement

L'ennui avec l'évitement, c'est que cela parvient à te faire du bien seulement à court terme. Tu as sûrement remarqué que lorsque tu évites ou quittes un endroit où tu craignais un danger, tu te sens mieux très rapidement. Ouf ! C'est soulageant de retrouver une certaine sécurité !

Toutefois, à long terme, l'évitement devient un piège qui empoisonne la vie ! Comme tu peux le voir dans la figure qui suit, **PLUS tu évites, PLUS tu auras peur. Et PLUS tu auras peur, PLUS tu voudras éviter.** À long terme, ta peur sera de plus en plus grande et nuira de plus en plus à ton bien-être.

LA COURBE D'ÉVITEMENT

Ton anxiété monte, descend, monte, descend... comme des montagnes russes !

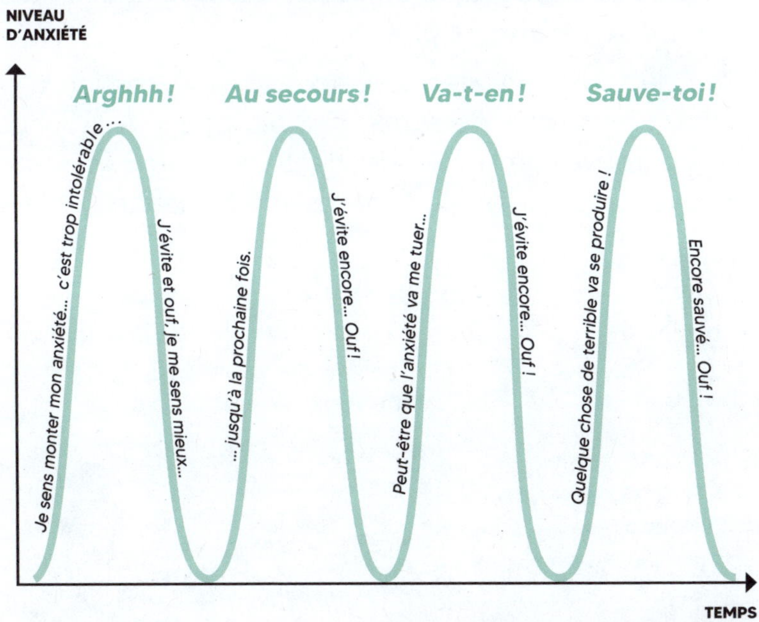

À la longue, l'évitement peut…

t'empêcher de vivre ta vie comme tu veux.

Le fait d'éviter t'amène à restreindre de plus en plus tes activités, à rétrécir ton univers, à t'isoler. Tu peux avoir l'impression que pour te sentir bien et en sécurité, il n'existe pas d'autres façons que d'éviter les situations que tu crains.

t'amener à entretenir des croyances négatives sur les situations que tu évites ou sur toi-même.

Le soulagement instantané que tu ressens quand tu évites une situation peut te faire croire, à tort, que tu avais raison de t'en aller et qu'il y avait bel et bien une menace ou un danger. Cela t'empêche de constater que les situations que tu crains ont, en réalité, très peu de chances de se reproduire. Tu peux finir par croire que tu n'es pas capable de surmonter ta peur ou que tu es faible.

générer beaucoup d'émotions désagréables et te faire sentir encore plus mal.

À force de toujours éviter, tu peux avoir l'impression d'être réellement incapable de surmonter tes peurs. À la longue, tu peux éprouver de la solitude, de la tristesse, un sentiment d'échec et développer une faible estime personnelle.

J'ai abandonné ma passion et j'ai arrêté de faire ce qui me plaisait le plus au monde. C'est ça ma vie depuis déjà deux ans… Je me sens perdu et déprimé.

J'évite tous les chiens depuis des mois et ça fonctionne ! Mais dernièrement, je ne me sens plus aussi bien après avoir évité… Je me sens faible. La seule façon d'être moins anxieuse est de toujours éviter.

MIEUX COMPRENDRE CE QUE TU ÉVITES

EXERCICE

Tout d'abord, essaie d'observer l'ensemble des situations que tu évites. Tu peux les pointer dans la liste ci-dessous :

- ○ Tu évites des situations, des lieux ou des endroits
- ○ Tu évites des personnes ou des animaux
- ○ Tu évites de penser à l'événement
- ○ Tu évites de parler de l'événement
- ○ Tu évites de ressentir certaines émotions
- ○ Tu évites des objets
- ○ Tu évites d'avoir des pensées ou des émotions négatives en demandant à tes parents ou à tes proches de te rassurer constamment
- ○ Tu évites d'affronter ce qui te fait peur en demandant à tes parents ou à tes proches de t'accompagner ou de faire des choses à ta place

Ensuite, fais une liste de toutes les choses que l'évitement t'empêche de faire. Par exemple, l'évitement t'empêche de...

- ○ Sortir avec tes amis
- ○ Avoir du plaisir, faire les activités que tu aimes
- ○ Apprendre à l'école
- ○ Apprécier la vie
- ○ Te sentir capable de faire des choses par toi-même

Jusqu'à quel point l'évitement dérange-t-il ta vie ?

0	1	2	3	4	5	6	7	8	9	10
PAS DU TOUT DÉRANGEANT										EXTRÊMEMENT DÉRANGEANT

Attention à l'influence de ton entourage !

Après un événement traumatique, il est possible que tes parents ou tes proches cherchent à te soutenir en t'encourageant à éviter. Une partie de toi peut se sentir rassurée, car ces conseils confirment que tu fais la bonne chose lorsque tu évites.

Depuis le cambriolage, je refuse de dormir seul dans mon lit. Mes parents ont accepté que je dorme dans leur chambre en se disant que cela va m'aider à me sécuriser. Leur présence me rassure. Tant qu'ils seront près de moi, rien ne peut m'arriver !

Mais il se peut aussi qu'une autre partie de toi se sente frustrée par ces conseils. Tu peux avoir l'impression que personne ne comprend réellement l'épreuve que tu traverses, et les conseils que les gens te donnent peuvent te sembler futiles, inefficaces, voire irritants !

Je refuse systématiquement les invitations de mes amis pour aller faire du vélo. Je vois bien qu'ils n'osent pas insister, ils essaient de m'encourager en me disant que je fais bien d'arrêter le vélo pendant un moment. Mais ça me fâche, car j'ai l'impression qu'ils ne comprennent pas ce que je vis !

Ma tante me dit que c'est mauvais pour moi de « trop » penser à ce qui est arrivé et que je devrais essayer d'arrêter.

L'intention de toutes ces personnes est bonne : elles cherchent avant tout à te protéger ou à éviter d'empirer la situation.

Mais rappelle-toi que **l'évitement n'est pas bénéfique pour toi au bout du compte,** car, à la longue, tu risques de sentir que tu ne peux rien accomplir sans l'aide des autres et que tu dépends d'eux pour te sentir en sécurité. Tu risques aussi de croire que tu ne possèdes pas les capacités pour faire face au monde extérieur et il sera difficile de retrouver ton sentiment de sécurité.

Le triangle de la peur

Pour mieux comprendre ce qui t'arrive après un événement traumatique, imagine un triangle équilatéral dans lequel se trouvent sur chacun des côtés :

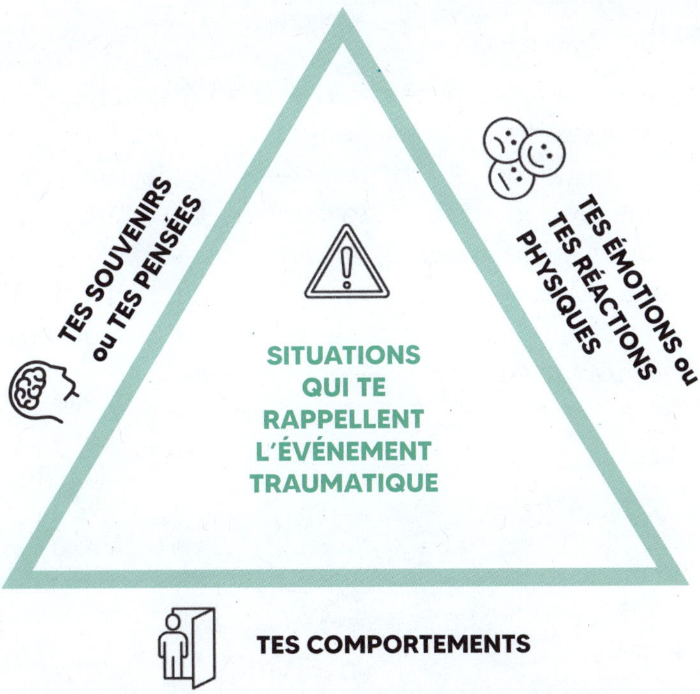

Lorsque tu te retrouves dans une situation qui te rappelle l'événement traumatique, cela déclenche des souvenirs ou des pensées ainsi que des émotions et des réactions physiques, ce qui te pousse à adopter des comportements qui visent à soulager ta détresse.

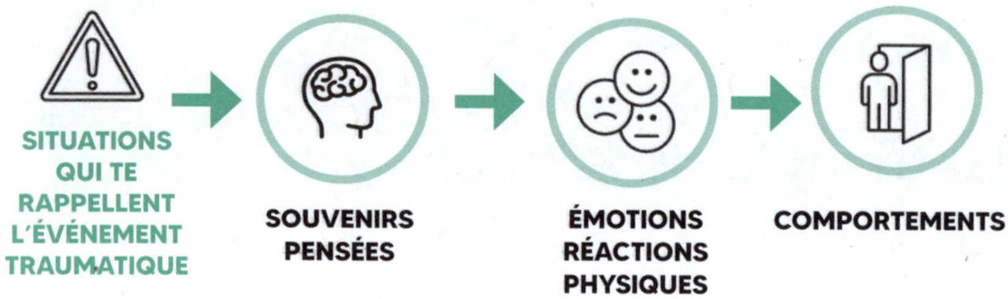

Cette chaîne de réactions se fait très rapidement, elle est presque automatique. Il se peut très bien que tu ne t'en rendes même pas compte !

Lorsque tes pensées et tes souvenirs sont envahissants, que tes émotions et tes réactions physiques sont intenses et que tu évites beaucoup de choses, cela indique que le triangle prend une trop grande place dans ta vie, que tu souffres beaucoup ou que tu as de la difficulté à fonctionner normalement. Avec de l'aide, tu peux apprendre à développer de nouvelles stratégies pour faire diminuer graduellement le triangle jusqu'à ce qu'il ne te dérange plus.

L'EXEMPLE DE CARL

SITUATIONS QUI RAPPELLENT L'ÉVÉNEMENT TRAUMATIQUE

- ⚠ Aller à l'école
- ⚠ Marcher dans la rue
- ⚠ Voir des groupes de garçons
- ⚠ Sortir seul de la maison

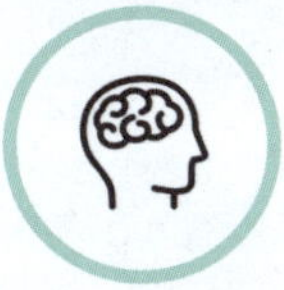

SOUVENIRS ou PENSÉES

- Souvenir de la fois où je me suis fait battre
- Je suis un bon à rien, une poule mouillée
- Je ne suis plus en sécurité, je peux me faire attaquer n'importe où
- Je ne suis pas capable de me défendre
- Les gens me veulent du mal et je ne peux pas avoir confiance en eux

ÉMOTIONS ou RÉACTIONS PHYSIQUES

- Peur, honte, humiliation, culpabilité, irritabilité, colère, méfiance
- Maux de ventre, tensions musculaires, sursauts fréquents

COMPORTEMENTS

- Je ne veux plus aller à l'école
- Je m'isole
- Je ne veux plus sortir de chez moi

SECTION 2

QUE FAIRE POUR SURMONTER UN TSPT ?

CHAPITRE 4

Apprendre à gérer tes émotions

Les émotions

Ah, voilà un thème très important ! Tu sais, si tu ressens des émotions, c'est un signe que tu es bel et bien en vie. Bonne nouvelle ! Toutefois, après une expérience bouleversante, il est fort possible que tu aies l'impression de te faire envahir par toute une panoplie d'émotions intenses et souffrantes.

IMPUISSANCE **COLÈRE**

CULPABILITÉ **HONTE**

INSÉCURITÉ

HORREUR **TRISTESSE**

INJUSTICE

INCOMPRÉHENSION

TRAHISON

MÉFIANCE **DÉGOÛT**

PEUR

Savais-tu que toutes les émotions sont normales et qu'elles font partie de notre expérience en tant qu'être humain? Les émotions ne sont ni positives ni négatives; elles sont universelles et humaines. Certes, certaines émotions sont très souffrantes, mais elles sont temporaires. Voyons comment le fait de les ressentir et de les exprimer te permettra de t'apaiser et d'avancer.

À quoi servent les émotions?

T'es-tu déjà demandé pourquoi on ressent des émotions? Et pourquoi certaines d'entre elles sont si désagréables? Voilà d'excellentes questions!

Les émotions servent de **signal d'alarme.** Elles te renseignent continuellement sur l'effet d'une situation extérieure sur ton état intérieur. Elles t'indiquent jusqu'à quel point tes besoins sont satisfaits ou jusqu'à quel point tes limites sont dépassées. Par exemple, tu peux ressentir de la joie lorsque tu reçois un cadeau. Cette émotion t'indique que cette situation te comble et te fait plaisir. Tu peux éprouver de la colère quand quelqu'un te dépasse dans une file d'attente. Cette émotion te montre alors que tu ressens un manque de respect. Les émotions permettent ainsi de donner un sens à ton expérience en tant qu'être humain (à l'opposé d'un robot ou d'une machine!).

Les émotions servent aussi à **passer à l'action.** Elles aident à agir plus rapidement dans des situations importantes. Lorsqu'il y a une urgence, tu n'as pas besoin de réfléchir à tout en détail du début jusqu'à la fin. Les émotions fortes peuvent t'aider à surmonter plusieurs obstacles.

Il est vrai que certaines émotions sont tellement pénibles que l'on voudrait s'en débarrasser le plus vite possible. On peut tenter toutes sortes de stratégies pour les ignorer ou les amoindrir (p. ex. abuser de l'alcool, manger compulsivement, travailler excessivement), mais as-tu remarqué qu'elles ne disparaissent jamais complètement et qu'elles finissent toujours par revenir ? En fait, **plus tu essaies de nier tes émotions, plus elles risquent de prendre de l'ampleur et de te faire souffrir.**

Pour t'aider à mieux comprendre tes réactions émotionnelles, voyons plus en profondeur les émotions désagréables qui apparaissent fréquemment après un événement traumatique.

LA PEUR

Celle-là, tu dois bien la connaître à présent ! On en a parlé précédemment, c'est l'émotion que l'on ressent devant une situation qui nous semble menaçante.

Le sentiment de peur est ce qui a permis à l'espèce humaine de survivre. Penses-y bien ! Si les êtres humains, dans la préhistoire, n'avaient jamais ressenti la peur, ils n'auraient pas été en mesure de réagir convenablement devant un danger. L'espèce humaine n'existerait donc plus aujourd'hui ! **La peur est une réaction normale et humaine** qui permet de réagir devant un danger et donc... de survivre !

Mais n'oublie pas qu'après avoir vécu une expérience bouleversante, on peut ressentir la peur même s'il n'y a plus de danger. Notre système d'alarme devient trop sensible.

Mon petit frère sait que j'ai eu un accident de vélo. Depuis, il a peur que ça lui arrive à lui aussi et il refuse de faire du vélo, comme moi.

C'EST BIZARRE, J'AI PEUR, ALORS QU'IL NE M'EST RIEN ARRIVÉ À MOI…

Oui, ça peut arriver ! Parfois, le simple fait d'être témoin d'un événement peut être suffisant pour créer de la peur et des réactions de détresse.

Avec les journaux, la radio, la télévision, Internet et les réseaux sociaux, nous sommes de plus en plus exposés à ce qui se passe un peu partout sur la planète. Nous pouvons par exemple être témoins d'événements terrifiants et voir des images atroces défiler en direct sur nos écrans. Tout cela peut donner l'impression que le monde est plus dangereux qu'avant. Mais ce n'est pas le cas. Nous avons juste plus facilement accès à l'information. Malgré tout, ces expériences peuvent être bouleversantes et amener beaucoup de détresse.

Parfois, le simple fait d'entendre quelqu'un d'autre raconter un événement traumatique peut être suffisant pour que l'on développe de la peur. Cela peut nous amener à nous imaginer des scénarios épouvantables et à craindre que cela nous arrive également. On peut alors faire preuve d'hypervigilance et commencer à éviter plusieurs situations. C'est un peu comme si on se projetait dans l'histoire de l'autre personne.

Si tu te trouves dans une situation semblable, n'hésite pas à utiliser les outils proposés dans ce livre pour t'aider.

LA COLÈRE

La colère, c'est le sentiment de frustration, de révolte ou de rage que l'on ressent quand les choses ne se déroulent pas comme on le veut. Lorsque tu te sens en colère, tu peux avoir envie de frapper, de crier, de faire du mal ou même de pleurer. **Cette émotion te signale que la situation dans laquelle tu te trouves ne te convient vraiment pas et qu'il est possible que tes besoins ou tes limites ne soient pas suffisamment respectés.** C'est une émotion forte qui te pousse en quelque sorte à te défendre et à agir pour rétablir la situation.

Par exemple, si un ami émet une critique sur ton nouveau chandail, il est tout à fait normal de te sentir en colère. Cette émotion t'indique que le commentaire de ton ami te dérange ou te blesse.

Vivre un événement traumatique est profondément injuste. Si tu as vécu une situation où tu n'as pas senti de respect de la part des autres ou si tu as fait l'expérience d'une douleur physique ou émotionnelle, c'est légitime d'éprouver de la colère par rapport à ce qui t'est arrivé. Cela peut même être sain.

La colère est peut-être parfois la seule émotion que tu t'autorises réellement à ressentir, car elle peut t'amener à être moins en contact avec d'autres émotions qui te font sentir plus vulnérable, comme la peur, la tristesse, l'impuissance ou la honte. C'est comme si la colère servait parfois de **bouclier** aux autres émotions encore plus désagréables à vivre. Elle peut te donner l'impression d'avoir un certain contrôle sur les situations, de regagner du pouvoir. Tu peux alors te sentir plus brave, moins vulnérable, et te sentir capable de te mobiliser plus facilement pour faire face à tes peurs et au danger.

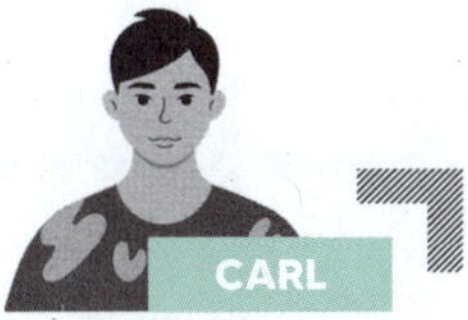

J'ai peur de me faire agresser de nouveau, mais ma colère me permet d'être en contrôle et d'éloigner les agresseurs potentiels.

Depuis la noyade de mon cousin, j'explose de colère pour tout et pour rien et j'ai l'impression d'être fâchée contre tout le monde ! Mais au fond, je suis surtout en colère contre moi-même. En fait, je me sens coupable et responsable de ce qui est arrivé.

Cependant, la colère peut aussi te détruire si elle se transforme en état permanent. As-tu l'impression que tu ressens beaucoup de colère depuis l'événement ?

LA TRISTESSE

Il est normal de ressentir de la peine ou du chagrin lorsque les choses tournent mal, lorsque quelqu'un ne nous traite pas bien ou lorsque l'on perd quelqu'un d'important pour nous. La tristesse donne envie de pleurer et de se faire consoler.

Un peu comme la colère, la tristesse est une émotion qui te signale que la situation dans laquelle tu te retrouves ne te convient pas. **Elle t'indique que la situation te blesse.**

Après un événement traumatique, il se peut que les perceptions que tu as de toi-même, des autres ou du monde en général deviennent très pessimistes. Vivre une expérience traumatisante peut aussi bouleverser tes **valeurs profondes.** Tu croyais que le monde était bon, juste et honnête. Tu pouvais aussi croire que ce genre de chose n'arrivait qu'aux autres !

Tu pourrais également sentir que tu n'as plus d'intérêt pour rien ou encore sentir du détachement ou de la distance par rapport aux autres. Le sentiment que les autres ne te comprennent pas peut aussi t'amener à t'isoler. Selon la nature de l'événement, il est parfois difficile de recommencer à ressentir des émotions agréables. Peut-être que tu ressens tellement d'émotions en même temps que tu as du mal à te concentrer. Certaines personnes peuvent même adopter des comportements à risque ou autodestructeurs (comme l'automutilation, la consommation abusive d'alcool ou de drogue, l'imprudence sur la route, etc.). Te reconnais-tu dans l'une ou l'autre de ces réactions ?

Je n'ai plus la tête à l'école ni à la vie. J'ai l'impression d'avoir perdu tous mes repères depuis la mort de ma sœur. Je suis tellement triste, j'ai l'impression que je ne pourrai jamais m'arrêter de pleurer...

Je refuse les invitations, je m'isole de plus en plus. Je me plonge dans l'alcool pour échapper à la réalité. Je m'automutile pour me soulager quand la souffrance devient trop grande...

EST-IL POSSIBLE QUE TU SOIS EN DÉPRESSION ?

Coche les symptômes que tu ressens presque tous les jours, depuis plus de deux semaines.

- ◯ Tu éprouves de la tristesse, de l'irritabilité, un sentiment de vide ou de désespoir. Tu te sens dépressif ou dépressive. Tu pleures souvent.
- ◯ Tu n'as plus d'intérêt pour les activités qui te procuraient du plaisir auparavant.
- ◯ Tu manges moins ou plus qu'à l'habitude, tu as perdu ou gagné beaucoup de poids.
- ◯ Tu as beaucoup de difficulté à dormir ou tu dors plus qu'à l'habitude.
- ◯ Tu ressens souvent de la fatigue, tu as peu d'énergie.
- ◯ Tu ne t'aimes pas, tu te dévalorises souvent (« je ne suis pas bon ou bonne », « je suis une mauvaise personne ») et tu te sens souvent coupable.
- ◯ Tu as de la difficulté à penser, à te concentrer ou à prendre des décisions.
- ◯ Tu as souvent des pensées de mort ou des idées suicidaires.

Si tu as coché cinq cases ou plus (dont la première ou la deuxième), c'est peut-être signe que tu vis un épisode dépressif. Il est grand temps d'aller chercher de l'aide et de consulter un ou une médecin, ou un ou une psychologue.

LA CULPABILITÉ

Tu peux ressentir de la culpabilité lorsque tu as fait quelque chose que tu crois que tu n'aurais pas dû faire ou lorsque tu penses avoir mal agi. C'est le fait de s'en vouloir, de regretter une action, d'avoir des remords.

Lorsque l'on a vécu un événement traumatique, il arrive souvent que l'on pense que tout ce qui est arrivé est notre faute et il peut être tentant de vouloir se blâmer ou de blâmer les autres pour ce qui s'est produit.

Il aurait fallu que je demande à mes parents de vérifier si la porte était bien verrouillée avant d'aller au lit !

Je n'aurais pas dû entraîner mon cousin si loin dans l'eau.

J'aurais dû me défendre.

Le sentiment de culpabilité sert à te communiquer que tu as possiblement commis une erreur. Allez, ne sois pas trop sévère envers toi-même ! **Il est tout à fait normal de faire des erreurs dans la vie.** En fait, c'est même nécessaire d'en faire pour pouvoir avancer et apprendre.

Si les êtres humains ne ressentaient jamais de culpabilité, ils commettraient des erreurs constamment, ils n'auraient jamais de remords et ils n'apprendraient jamais de leurs erreurs. Les élèves pourraient arrêter de faire leurs devoirs, les conducteurs pourraient dépasser les limites de vitesse, les gens pourraient arriver en retard à leur travail, tout cela sans aucune conséquence ! Tout le monde pourrait agir à sa guise, sans respecter de règles ! Imagine comme le monde serait chaotique !

Le sentiment de culpabilité est parfois justifié, par exemple si on a enfreint une règle ou blessé quelqu'un. Cependant, il existe aussi des situations dans lesquelles ce sentiment est exagéré ou carrément injustifié. C'est souvent le cas lors d'un événement traumatique. Les personnes qui ont vécu un tel événement ont souvent tendance à se sentir coupables, car elles se sentent responsables de ce qui est arrivé.

LA HONTE

Tandis que la culpabilité est le sentiment d'avoir *fait* quelque chose de mal, la honte est le sentiment d'*être* une personne fondamentalement mauvaise, défectueuse ou anormale. C'est l'émotion que tu éprouves quand tu perds ta valeur, ton intégrité, ta dignité ou ton honneur. Par exemple, quand les autres se moquent de toi ou te critiquent en public, ou encore que des personnes que tu apprécies te rejettent ou te trahissent, tu peux vivre un profond sentiment de honte.

Je me sens tellement nulle de m'être retrouvée dans cette situation. J'ai très honte de la personne que je suis. Je me sens sale, mauvaise, anormale.

Cette émotion est parmi les plus difficiles à ressentir, car elle peut te faire perdre ta confiance en toi. Elle peut t'amener à te dévaloriser et à croire que tu ne vaux rien. Elle peut même te marquer à vie ! Voilà pourquoi **il est important que tu l'exprimes. Tu ne dois pas t'isoler avec ce sentiment !**

La honte est une émotion complexe. Après avoir vécu un événement traumatique, tu peux ressentir de la honte et croire que tu ES une personne mauvaise ou sans valeur. Tu peux entretenir une croyance à l'effet que non seulement tu as mal agi, mais que tu es stupide ou incapable en tant qu'être humain. La honte t'amène à te critiquer ou à te dénigrer et elle peut te faire complètement perdre confiance en tes capacités.

En réalité, il arrive souvent que le sentiment de honte soit injustifié. En effet, d'autres facteurs ou d'autres personnes peuvent avoir contribué à la situation. Par exemple, si des personnes se sont moquées de toi, c'est plutôt leur action qui est condamnable. Ce n'est pas toi qui ES une personne sans valeur.

Enfin, peu importe ce que tu as vécu, rappelle-toi que l'événement traumatique ne change rien à ta valeur. Les qualités que tu avais avant l'événement demeurent présentes après. Essaie de ne pas être trop sévère envers toi-même et évite de t'isoler. C'est en parlant de ce que tu ressens à une personne en qui tu as confiance que tu réussiras à rétablir ta confiance en toi-même.

ET LA MORT ?

L'envie de mourir

Parfois, le fait d'avoir peur constamment et de ressentir de la honte, de la culpabilité ou une grande tristesse peut amener certaines personnes à ne plus vouloir vivre la vie qu'elles souhaitaient mener. Si c'est ton cas, tu peux avoir l'impression que plus rien ne t'intéresse, que tout est fade et que rien de bon ne pourra t'arriver. Tu as peut-être le sentiment que ton insouciance et ta joie de vivre ne reviendront jamais. L'idée de mourir peut s'insinuer tranquillement et sembler offrir une solution pour diminuer les souffrances. **Il est très important alors de faire la distinction entre ton désir de ne plus souffrir et le désir de mourir.**

Après un événement traumatique, la souffrance peut être immense : tu peux avoir l'impression que les autres ne te comprennent pas, que ce que tu as vécu te rend à jamais différent ou différente. Par exemple, si tu vois tes amis s'inquiéter pour leur examen de mathématiques, cela peut t'amener à sentir un certain détachement par rapport à eux et à trouver que tout est futile.

Tu peux même avoir de la difficulté à ressentir des émotions agréables à l'égard de tes proches. Si tu as perdu de ton enthousiasme et que la confiance que tu accordes aux autres ou à la vie a été ébranlée, tu risques de sentir que ton trauma a détruit la partie sereine, joyeuse et confiante de toi-même. Le monde peut sembler désormais laid, inutile et sans espoir.

Ces émotions de tristesse et de désespoir sont **tout à fait normales et souvent temporaires.** Tu dois absorber un grand choc émotif. Tes émotions peuvent en quelque sorte s'engourdir.

C'est impossible de digérer un tel événement d'un seul coup, et ton corps va se mettre temporairement « hors fonction » pour refaire ses énergies. En d'autres mots, ton corps a besoin d'assimiler ce qui s'est passé par petites doses et il doit prendre des pauses émotives, car le processus est trop difficile. Durant ces pauses, c'est normal que ce soit très difficile pour toi de donner de l'affection ou de l'attention aux autres. Mais en assimilant le trauma, tu pourras recommencer à avoir du plaisir et à refaire confiance à la vie.

Ta relation à la mort

Avoir peur de mourir, voir quelqu'un passer près de la mort ou assister à la mort tragique d'une autre personne peut te bouleverser et changer ta relation à la mort. Peut-être qu'avant cet incident, tu n'y pensais jamais, mais voilà que, désormais, l'idée de la mort t'envahit constamment. C'est tout à fait normal : la mort est mystérieuse pour tout le monde. En réalité, on ne la comprend pas pleinement.

Le deuil

Si, tout comme Rosalie, tu as vu une personne mourir, tu vivras assurément un très grand deuil. Bien sûr, tout le monde perdra un être cher, tôt ou tard. Cela fait partie intégrante de la vie en général.

Il faut du temps pour vivre un deuil, et la façon de le vivre est très personnelle. Mais en général, une personne qui vit un deuil traverse des étapes caractérisées par différentes réactions :

- Il y a une phase de **choc** lorsque l'on apprend la mort d'une autre personne.

- On peut parfois être dans le **déni** ou carrément refuser sa mort.
- Plusieurs personnes pourront ressentir ensuite une grande **colère** et un profond sentiment d'injustice.
- Puis vient l'étape des remises en question et de la **recherche de sens** qui pourra s'accompagner de tristesse, d'impuissance, de découragement, de perte d'intérêt et de pessimisme.
- Ce n'est qu'à la fin du processus de deuil que l'on peut finir par **accepter** graduellement la perte de l'autre personne, que l'on s'adapte à son absence et que notre humeur peut s'améliorer doucement. Éventuellement, les souvenirs ne seront plus associés à une douleur excessive.

Ces différentes réactions sont normales et, bien que le deuil soit souffrant, c'est un processus important pour te permettre de digérer la perte et de t'y adapter. Tu observeras sûrement que tes émotions viendront par bouffées, comme des vagues qui apparaissent pour ensuite disparaître. Certains jours, tu te sentiras mieux, alors qu'à d'autres moments, la peine, l'ennui et le vide laissés par l'autre seront plus souffrants. Laisse-toi ressentir ces émotions lorsque les vagues apparaissent, un peu comme une algue dans la mer qui absorbe doucement le courant. Tu verras, ce sera moins dur.

Lorsque la mort est tragique, inattendue ou accidentelle, le deuil peut se compliquer. Il se pourrait que les images de la scène te reviennent en tête encore et encore. Il se peut également que cette mort te fasse vivre des émotions très intenses et douloureuses. Elle devient alors associée à la peur, à l'impuissance, à la culpabilité, à la honte, à l'horreur, et même parfois au dégoût. Elle peut aussi engendrer beaucoup d'anxiété.

Contrairement aux réactions émotionnelles vécues à la suite d'un deuil normal, qui diminuent graduellement avec le temps, celles d'un **deuil compliqué** persistent ou s'aggravent. La personne ne traverse pas les différentes phases du deuil. C'est comme si son état émotionnel était bloqué à une phase.

Voici quelques pistes permettant d'évaluer si ton deuil devient plus complexe :

- ○ Tu fonctionnes moins bien à la maison et à l'école.
- ○ Tes souvenirs te bouleversent toujours.
- ○ Tu n'arrives pas à accepter cette mort.
- ○ Tu cherches sans arrêt la présence de cette personne.
- ○ Ta colère est incontrôlable.
- ○ Tu ressens de la distance, du détachement et de l'indifférence par rapport aux autres.
- ○ Tu ne veux jamais y penser et tu tentes de fuir tout ce qui peut te rappeler cette mort.
- ○ Tu entends la personne qui te parle.
- ○ Tu te sens coupable de vivre.
- ○ Tu vis de la jalousie à l'égard de ceux qui n'ont pas côtoyé la mort de près.

Si tu te reconnais dans plusieurs de ces phrases et que tu ressens ces symptômes pendant au moins six mois après le décès d'une personne, il se pourrait que tu vives un deuil compliqué. Ce serait alors important d'aller chercher l'aide d'un ou d'une médecin ou d'un ou d'une psychologue afin d'éviter de t'isoler avec ces émotions.

Que faire avec toutes ces émotions ?

Lorsque l'on vit une situation terrible, exprimer ce que l'on ressent peut s'avérer difficile. Il est possible que certaines de tes émotions te submergent ou t'empêchent de fonctionner normalement. Tu peux avoir du mal à démêler toutes ces émotions et ressentir une grosse boule qui semble indescriptible ! Il se peut aussi que tu ne réalises même pas que tu éprouves des émotions !

**MAUVAIS COCKTAIL :
ALCOOL, DROGUES ET ÉMOTIONS**

Il arrive que les personnes qui ont été exposées à un événement traumatique consomment de l'alcool ou de la drogue pour :

- éviter de ressentir ce qui fait mal (physiquement ou psychologiquement);
- calmer l'anxiété;
- surmonter leur gêne ou leurs inhibitions;
- provoquer des sensations d'adrénaline;
- étouffer ou contrôler la colère;
- fuir des images traumatiques ou des pensées souffrantes;
- trouver le sommeil.

Il est vrai que l'alcool peut aider à s'endormir. Toutefois, la consommation d'alcool est souvent associée à un sommeil de moins bonne qualité et à des réveils fréquents durant la nuit. Le sommeil devient moins récupérateur, et la fatigue est toujours présente le lendemain ! De plus, un sommeil de piètre qualité rime avec irritabilité, anxiété, mauvaise concentration et mauvaises décisions.

Enfin, il peut être tentant de se tourner vers l'alcool ou la drogue, car il peut paraître moins tabou de consommer que de consulter un ou une psychologue ou de prendre de la médication. Mais sache que la consommation ne t'aidera pas à régler ton problème, au contraire ! Cela peut même faire augmenter ton anxiété, ta colère ou ta tristesse.

- ÉTAPE 1 -

Reconnaître tes émotions

La première étape est d'apprendre à bien cerner ce que tu ressens afin de reconnaître tes émotions. Est-ce facile pour toi de nommer ce que tu ressens?

Voici **quelques trucs** pour savoir comment tu te sens :

- Commence par observer ce qui se passe dans ton corps, tes **sensations physiques.** Sais-tu que ton corps t'envoie des signaux pour te faire comprendre que tu es en train de vivre une émotion? En effet, les émotions sont souvent liées à des sensations physiques particulières.
- Après avoir écouté les signaux de ton corps, tu peux tenter d'associer tes sensations à une **émotion.**

J'ai les muscles tendus, j'ai un nœud dans l'estomac... je me sens anxieuse.

Ma gorge est serrée, j'ai les yeux qui se remplissent d'eau... je me sens triste.

Le tableau suivant peut être utile pour t'aider à nommer ce que tu ressens, à mettre des mots sur tes émotions.

COMMENT TE SENS-TU ?

EXERCICE

Tu as peur

- ○ Tu transpires.
- ○ Tu ressens de la nervosité, de l'énervement ou de l'agitation.
- ○ Tu trembles.
- ○ Tu as le regard fuyant, tu jettes des coups d'œil rapides autour de toi.
- ○ Tu as une boule dans la gorge ou la sensation d'étouffer.
- ○ Tu as le souffle coupé ou tu respires très vite.
- ○ Tu as les muscles tendus, tu as des crampes.
- ○ Tu as la diarrhée, tu vomis.
- ○ Tu sens un poids ou une lourdeur dans l'estomac.
- ○ Tu as la chair de poule ou tu as froid.

Tu es triste

- ○ Tu ressens de la fatigue, tu manques d'énergie.
- ○ Tu as envie de rester au lit toute la journée.
- ○ Tu as le sentiment que plus rien ne te fait plaisir.
- ○ Tu as un point dans la poitrine ou dans le ventre.
- ○ Tu te sens vide.
- ○ Tu as la gorge serrée.
- ○ Tu as envie de pleurer.

Tu es en colère

- ○ Tu serres les dents ou la bouche.
- ○ Tu ressens un inconfort ou une tension.
- ○ Tu as les poings serrés ou les muscles crispés.
- ○ Tu sens que ton corps devient raide comme une planche de bois.
- ○ Tu sens ton visage rougir ou devenir chaud.
- ○ Tu as l'impression que tu es sur le point d'exploser.
- ○ Tu veux frapper quelque chose ou jeter des objets.

Tu te sens coupable/tu as honte

- ○ Tu as mal dans le creux de l'estomac.
- ○ Tu as envie de pleurer ou de sangloter.
- ○ Tu rougis, tu as chaud.
- ○ Tu veux cacher ou couvrir ton visage.
- ○ Tu as un sentiment de peur, de nervosité ou d'agitation.
- ○ Tu as le sentiment de subir un choc, tu suffoques.
- ○ Tu as l'impression de t'étrangler ou d'étouffer.

Adapté de Linehan, M. M. (2014).

Évidemment, il existe beaucoup plus d'émotions que celles qui sont présentées dans ce tableau, et chacune peut être vécue à différentes intensités que tu peux coter à l'aide d'un thermomètre. L'exercice suivant peut t'aider à évaluer l'intensité de ce que tu ressens chaque jour, ce qui t'aidera à mieux comprendre tes réactions et à observer ton évolution au fil du temps.

NOMMER TES ÉMOTIONS

EXERCICE

Aujourd'hui, jusqu'à quel point as-tu ressenti les émotions suivantes ?

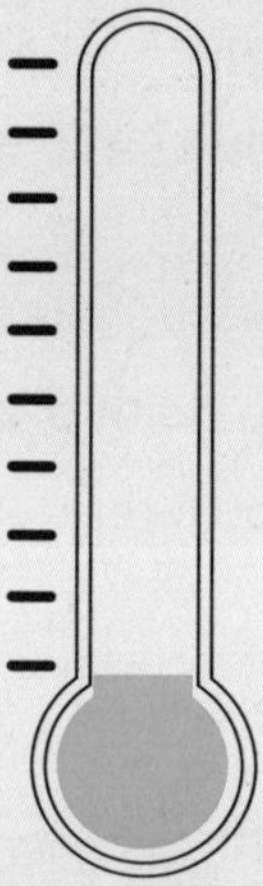

Anxiété/peur

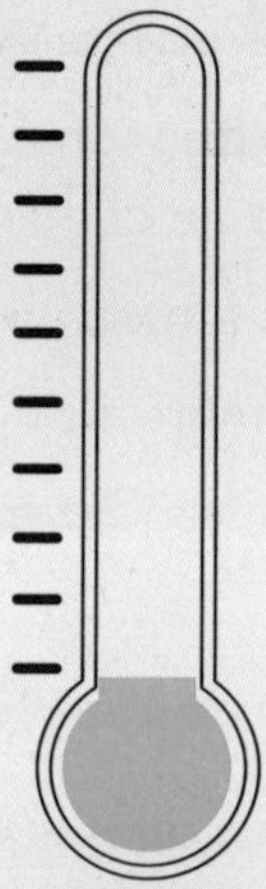

Colère

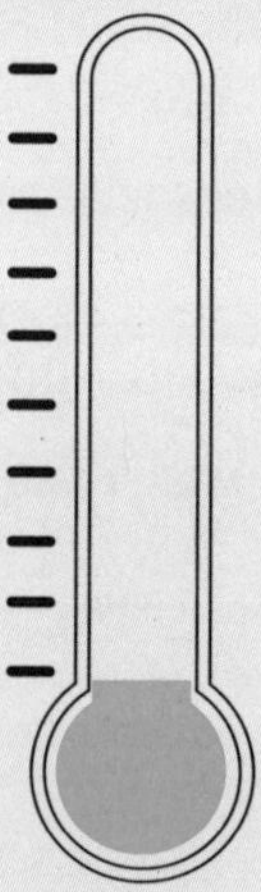

Tristesse

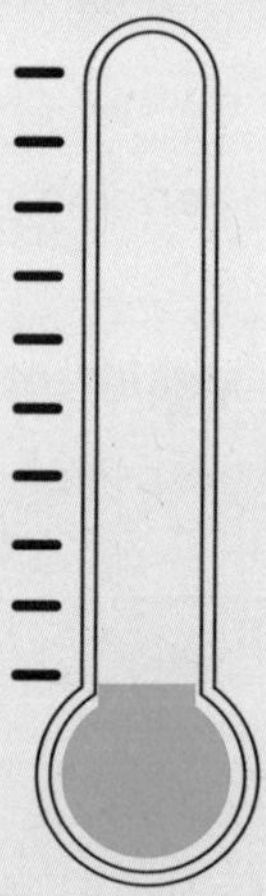

Culpabilité/honte

- ÉTAPE 2 -

Accueillir et accepter tes émotions

La deuxième étape pour mieux gérer tes émotions est **d'apprendre à les accueillir et à les accepter.** Autrement dit, tu dois te donner le droit de vivre de l'anxiété, de la colère ou de la tristesse, sans te juger.

Ne pas accepter tes émotions de base risque d'en provoquer inutilement de nouvelles. Par exemple, tu peux ressentir de la colère parce que tu es triste, de la culpabilité à l'idée de ressentir de l'anxiété, de l'inquiétude parce que tu vis de l'impuissance, etc. C'est comme une boule de neige qu'on roule pour la voir grossir, encore et encore!

Comme tu peux le voir dans la figure suivante, pour accueillir une émotion, il faut la laisser aller et venir comme une vague, sans la bloquer, la ravaler ni l'éviter. Essaie d'accepter ce que tu ressens, sans jugement, sans blâme et sans tenter de diminuer ou d'amplifier quoi que ce soit... Ne fais qu'accepter l'émotion présente, là, au départ.

Tu peux laisser passer la vague, laisser aller ton émotion. C'est désagréable, mais pas dangereux.

La seule chose que tu peux faire en ce moment, c'est d'attendre que ça passe. **Une émotion, c'est temporaire, ça ne dure pas toujours.** C'est normal et c'est correct que tu ressentes ces émotions. Tu fais preuve de courage en affrontant tes émotions.

VRAI OU FAUX SUR LES ÉMOTIONS

EXERCICE

1. Si tu ressens des émotions douloureuses, c'est parce que tu n'as pas la bonne attitude.

   VRAI ○ FAUX ○

2. Si les autres ne sont pas d'accord avec ce que tu ressens, tu ne devrais pas te sentir ainsi.

   VRAI ○ FAUX ○

3. Parler de tes émotions ne sert à rien, car cela ne changera pas la situation. En parler risque même d'empirer ce que tu ressens.

   VRAI ○ FAUX ○

4. Ressentir des émotions fortes ou intenses signifie que tu peux perdre le contrôle ou sombrer dans la folie.

   VRAI ○ FAUX ○

5. Si tu montres aux autres que tu te sens mal, c'est un signe de faiblesse.

   VRAI ○ FAUX ○

Réponses : Toutes ces affirmations sont FAUSSES!

- ÉTAPE 3 -

Exprimer tes émotions

Il va de soi que la plupart des êtres humains n'aiment pas ressentir la souffrance ou la douleur. Il est donc normal d'avoir le réflexe de vouloir se débarrasser des émotions désagréables et d'essayer de les oublier le plus vite possible.

Parler de ses émotions est un exercice difficile, car cela demande de s'ouvrir sur ses vulnérabilités. Après avoir vécu un événement traumatisant qui t'a fait sentir en danger et en état de grande vulnérabilité, il est bien probable que tu aies encore moins envie de t'ouvrir sur tes émotions et d'exposer à nouveau ta vulnérabilité aux autres ! Certaines personnes craignent aussi que parler de leurs émotions augmente l'intensité de leur souffrance, alors elles préfèrent les refouler. Pourtant, c'est l'effet contraire qui se produit.

Parler de tes émotions à une personne de confiance te permettra de donner un certain sens à ton expérience, ce qui fera grandir ton sentiment de contrôle et de sécurité.

Si tu te sens à l'aise à l'idée de parler de ton vécu et de tes émotions à quelqu'un, mais que tu ne sais pas comment t'y prendre, tu peux commencer par exprimer des choses plus légères dans des contextes moins menaçants.

Par exemple, commence par t'ouvrir aux autres sur des thèmes neutres...

« J'ai passé la fin de semaine au chalet avec ma famille. »

« J'ai mangé une bonne pizza hier soir. »

Puis, quand tu te sentiras plus à l'aise, essaie de parler d'émotions agréables...

« J'ai aimé ce qu'on a fait au cours d'éducation physique aujourd'hui. »

« Ton compliment m'a fait plaisir ! »

... et petit à petit, tu pourras parler d'émotions plus difficiles...

« Je me sens triste quand tu me fais des reproches. »

« Je ressens beaucoup de solitude et d'incompréhension depuis l'événement traumatique. »

Tu pourrais donc commencer par exprimer des choses dans des contextes plus faciles avec la personne. Par exemple, avant de dire à ta mère que tu es en colère contre elle, tu pourrais lui dire qu'un ami t'a fait vivre de la déception. C'est plus facile, et ça te permettra de faire un premier pas vers l'expression de tes émotions.

Tu peux aussi écrire une lettre à la personne, plutôt que de lui dire ce que tu ressens de vive voix. De cette manière, tu peux bien réfléchir à ce que tu veux dire en pesant chacun de tes mots.

Nous t'encourageons à trouver une manière d'évacuer tes émotions, plutôt que de les ruminer. Par exemple, tu peux exprimer ce que tu ressens par l'écriture, par l'art (p. ex. dessin, peinture) ou en te défoulant (p. ex. donner des coups sur un oreiller, chanter à tue-tête). Essaie ! Tu verras à quel point ça soulage.

L'important, c'est de ne pas garder tout ce que tu vis à l'intérieur de toi ! Parfois, tu peux te dire : « Je ne devrais pas me sentir ainsi, il y en a qui vivent des choses bien pires que moi ! » Donne-toi le droit de ressentir tout ce qui se présente à toi et de l'exprimer. Sors toutes ces émotions sans te censurer, sans filtrer. Et permets-toi de pleurer !

- ÉTAPE 4 -

Surmonter les émotions persistantes

Après avoir identifié, accepté et exprimé plusieurs de tes émotions, tu pourrais constater que certains ressentis t'envahissent encore au quotidien. Pour surmonter ces émotions plus difficiles, tente de faire exactement le contraire de ce qu'elles te poussent à faire !

Par exemple, le meilleur moyen de surmonter ta peur est de t'exposer aux situations que tu crains, petit à petit ! En affrontant ta peur, tu retrouveras un sentiment de contrôle et de maîtrise sur ta vie. Nous y reviendrons plus loin pour te guider en ce sens.

Le meilleur moyen de te sortir de ta tristesse et de ton isolement est de continuer à faire des activités et de t'entourer des gens que tu aimes. En faisant quelque chose d'agréable, tu te permets de te changer les idées, et cela peut te faire vivre un sentiment d'accomplissement.

En t'inspirant du tableau qui suit, dresse une liste d'activités que tu trouvais autrefois agréables. Ensuite, prévois au moins une activité agréable par jour et essaie de sortir de chez toi au moins une fois par jour. La clé pour que ça fonctionne, **c'est de le faire même si ta motivation n'y est pas.** Elle viendra avec le temps. Évite les cercles vicieux comme celui-ci :

Tu es triste et mélancolique, alors tu n'as pas le goût de sortir. Moins tu sors, plus tu es d'humeur sombre...

Et surtout, donne-toi du temps! Accorde-toi autant de patience et de bienveillance que tu en accorderais à une personne que tu aimes. N'oublie pas que tu viens de subir un choc et que tu as besoin de temps pour t'en remettre. Traverser une épreuve bouleversante est exigeant. C'est normal de ressentir une grande fatigue ou de la confusion. C'est temporaire. Comme pour une blessure physique, tu auras besoin d'une période de convalescence pour te refaire des forces (physiques et psychologiques) et pour retrouver tes repères.

20 ACTIVITÉS ANTIDÉPRIME

1. Lire une revue, un roman ou une bande dessinée.
2. Jaser avec un ami.
3. Écouter de la musique ou chanter ta chanson préférée à tue-tête.
4. Cuisiner.
5. Prendre un bain aux chandelles.
6. Aller au cinéma.
7. Prendre ou regarder des photos.
8. Faire une promenade dans un endroit que tu aimes (p. ex. au parc, au bord de l'eau, dans une rue animée).
9. Effectuer un travail manuel (p. ex. faire du *scrapbooking,* de la couture, réparer quelque chose).
10. Faire du vélo.
11. Décorer ta chambre.
12. T'offrir des fleurs.
13. Suivre un cours (p. ex. autodéfense, peinture, danse).
14. Faire du sport ou de l'exercice.
15. Aller dans un musée.
16. Bouquiner dans une bibliothèque ou une librairie.
17. Dessiner, écrire ou gribouiller.
18. Jouer d'un instrument de musique.
19. Faire des mots croisés, des sudokus, des casse-têtes.
20. Te faire un manucure ou un pédicure.

CHAPITRE 5

Comprendre tes pensées

Dans ta tête

Tu sais, en tant qu'êtres humains, nous avons la chance d'être dotés d'une intelligence et de pouvoir utiliser un langage élaboré pour nous exprimer. Ce langage nous permet de communiquer avec les autres et d'expliquer de nombreuses situations.

Cela dit, cette faculté du langage peut aussi nous jouer des tours, car c'est ce qui nous amène souvent à créer des scénarios, à raconter des histoires, et ce, dès notre plus jeune âge. Rappelle-toi quand tu étais enfant : t'est-il déjà arrivé de croire qu'il y avait un monstre dans ton placard? De croire au père Noël, aux fées, aux sirènes, aux superhéros? Il n'y a rien de mal à inventer des histoires, surtout lorsqu'elles sont belles.

Cependant, lorsque les histoires que notre tête nous raconte sont plutôt horribles et menaçantes, la peur peut nous tenailler. Nos histoires paraissent parfois réelles et nous forcent à réagir. Pour cette raison, il devient important d'apprendre à distinguer la réalité des scénarios imaginaires.

Lorsque l'on vit une expérience traumatique, notre cerveau peut créer différents **scénarios** dans le but de nous protéger. Tente d'être à l'affût des histoires ou des pensées générées par ton cerveau et qui peuvent entretenir ta peur. Rappelle-toi que ce ne sont que des scénarios et que **ce n'est pas la réalité.**

Si ça m'est arrivé une fois, ça pourrait m'arriver encore. Et au lieu d'être trois à m'attaquer, ils pourraient être dix ! Et avoir des armes pour me tuer !

LA BICHE ET LE LOUP

Il était une fois une petite biche qui broutait doucement dans un pré verdoyant. Elle mangeait paisiblement l'herbe à sa portée. Rien d'autre ne comptait à ce moment que cette douce nourriture mangée sous un chaud soleil. Puis, soudain, la biche perçut un mouvement au loin. Elle cessa de manger, se redressa, tendit l'oreille afin d'être à l'affût d'un danger potentiel.

Puis, plus rien… Elle reprit donc son repas et détendit son corps. Soudain, un loup surgit d'un buisson et courut dans sa direction. Sans attendre, elle s'élança dans une course effrénée pour sa survie. Elle courut à toute vitesse, atteignit la forêt au loin et s'y précipita afin de fuir le loup. Au bout d'un certain temps de cette course folle, elle ralentit, regarda autour d'elle, scruta chaque mouvement, analysa les sons. Le loup semblait avoir disparu. Elle avait réussi à le semer. Par chance !

Quelques instants plus tard, ce qu'elle observait autour d'elle ne lui permettant pas de conclure à une menace réelle, elle reprit là où elle en était avec son petit déjeuner. Et la journée se poursuivit ainsi, paisiblement.

Si la biche avait été un être humain, comment l'histoire se serait-elle poursuivie ?

Comme ceci : l'humain aurait fui dans la forêt. Ne voyant plus le loup, il aurait tout de même décidé de se cacher au sommet d'un arbre.

Oui ! Parce que sa tête lui aurait dit que le loup n'était peut-être pas seul ! Qu'il avait peut-être rebroussé chemin pour aller chercher le reste de sa meute ou encore qu'il était peut-être tout simplement bien camouflé derrière un arbre, attendant qu'il descende de son perchoir pour le manger. Pas question de baisser la garde, il y a trop de danger !

Dans les pages qui suivent, nous allons te montrer à prendre une distance par rapport à tes pensées et à les remettre en question. Nous allons t'enseigner à voir tes idées seulement comme des hypothèses à vérifier, et non comme des faits réels et absolus. De cette manière, tu apprendras à interpréter les situations de manière plus réaliste et à mieux distinguer le vrai du faux dans les histoires que ta tête te raconte.

La machine à pensées

Le cerveau humain est comme une machine qui produit constamment des pensées **« automatiques ».** Ces pensées sont les phrases que l'on se dit intérieurement et qui surgissent spontanément dans notre tête, sans que l'on en ait pleinement conscience.

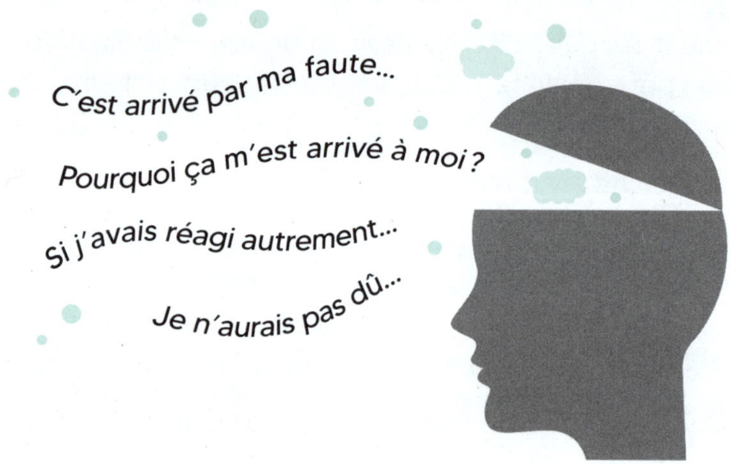

Peut-être qu'en lisant ces mots, tu es en train de te dire quelque chose comme : « Hein ? Des pensées automatiques ? », « Tiens, mon ventre gargouille, j'ai faim… » ou encore « Ah, comme j'aimerais être millionnaire, je n'aurais plus jamais de soucis ! » Les pensées automatiques sont en fait comme un discours intérieur qui joue continuellement dans ta tête.

Après un événement traumatique, ta vision globale du monde peut changer drastiquement. Ton cerveau peut alors se mettre à produire des pensées négatives qui sont envahissantes, exagérées ou illogiques. Ces **« pensées obstacles »** ne sont pas du tout utiles à ton bien-être, à ton fonctionnement au quotidien et à ta capacité à résoudre différents problèmes. Ainsi, adhérer à toutes les pensées qui te traversent l'esprit après un événement bouleversant peut générer beaucoup de souffrance.

Les pages suivantes présentent des exemples de « pensées obstacles » communes que génère le cerveau après un événement traumatique. Essaie de repérer celles que tu as tendance à entretenir.

« C'est arrivé par ma faute. »

Les personnes qui ont vécu un événement traumatique éprouvent souvent un profond sentiment de honte ou de culpabilité en lien avec la manière dont elles ont réagi. Elles entretiennent la croyance qu'elles auraient pu ou dû réagir autrement. Elles ont l'impression d'avoir réagi de façon anormale et de ne pas avoir fait ce qu'il fallait.

Ces personnes ont souvent le sentiment d'avoir été faibles et estiment qu'elles auraient dû être plus fortes et « invulnérables » devant le danger. Pourtant, il ne faut pas oublier que c'est la chose la plus normale en tant qu'être humain de se sentir vulnérable devant un danger. En réalité, une personne qui a subi un événement bouleversant a eu à faire face à une situation totalement inconnue et imprévisible, et qui a nécessité beaucoup de force et de courage !

Pourquoi elle et pas moi ? Je me sens coupable d'être en vie. Je suis responsable de l'accident. C'est moi qui aurais dû mourir à la place de ma petite sœur.

J'aurais dû me défendre contre mes agresseurs, plutôt que de me laisser faire. Je suis tellement nul.

« J'aurais pu empêcher ce qui s'est produit. »

De manière générale, l'être humain aime se sentir en contrôle et prévoir ce qui va se passer. Ce sentiment de contrôle et de prévisibilité est ce qui nous permet de nous sentir en sécurité dans la vie. Ainsi, après un événement traumatique, tu peux avoir l'impression que tu aurais pu prédire l'événement et donc éviter les conséquences tragiques. Tu peux avoir le sentiment d'avoir négligé les signes qui indiquaient ce qui allait arriver. Tu peux ainsi perdre de vue que ce qui s'est produit ne dépendait pas de toi et que, par conséquent, tu n'avais pas la capacité de changer le cours des événements.

J'aurais dû me douter que ce gars-là était malhonnête. Si je n'avais pas consommé ou si je n'étais pas allée à cette stupide fête, rien de tout cela ne serait arrivé.

Sache qu'il est toujours plus facile, après coup, d'analyser la situation sous un autre angle, de voir tous les signes précurseurs et de se dire que l'on aurait pu voir l'événement arriver !

Par exemple, t'est-il déjà arrivé de regarder un film policier et de te dire, à la fin du film, que tu aurais pu prédire qui était le meurtrier? En effet, c'est toujours plus facile de prédire la fin de l'histoire lorsque l'on a tous les indices en main pour faire une analyse détaillée de la situation. Mais n'oublie pas que tous ces indices rassemblés, tu ne les avais pas pendant que tu regardais le film!

C'est vrai que si j'avais su que mon cousin allait se noyer, je n'aurais pas insisté autant pour aller si loin dans l'eau!

Par conséquent, pendant une situation traumatique, tu pouvais seulement agir en te basant sur les informations dont tu disposais au moment de l'événement. C'est certain que tu ne connaissais pas le déroulement et les conséquences de l'événement pendant qu'il se produisait! C'est donc trop facile de te blâmer une fois que l'événement est passé, car tu as tous les éléments en main pour prédire la fin de l'histoire! Cette façon de penser est vraiment irréaliste et injuste!

« Je n'ai pas bien réagi! »

Savais-tu que nos facultés de prise de décisions sont affectées lorsque nous sommes sous pression ou en situation d'urgence? Des études scientifiques ont démontré que notre capacité de raisonner change lorsque nous sommes menacés par un danger. Les options qui nous semblent évidentes lorsque nous sommes dans un contexte calme et détendu peuvent ne pas nous venir à l'esprit lorsque nous sommes sous pression.

Ainsi, lorsque tu fais une analyse de tes actions après un événement traumatique, ton état émotionnel est complètement différent de ce qu'il était au moment de l'événement. Tu te sens calme, en sécurité et en pleine possession de tes facultés cognitives, tandis que pendant l'événement, il a fallu que tu réagisses en une fraction de seconde sous le poids de la surprise, de la peur ou de l'horreur.

Pourquoi est-ce que je n'ai pas ralenti plus tôt sur mon vélo ? Je n'ai même pas ralenti quand j'ai entendu la voiture freiner brusquement derrière moi !

Rappelle-toi que, devant des situations de danger, tous les êtres humains sont programmés physiologiquement pour répondre automatiquement en figeant, en prenant la fuite ou en attaquant.

Prends conscience du fait que tu as fait du mieux que tu pouvais à ce moment-là et que personne n'aurait pu faire mieux à ta place. Même des soldats en contexte de guerre peuvent figer sur le terrain, malgré leurs entraînements répétés pour se préparer au danger. On réagit comme on le peut, et non comme on le veut, quand on est en mode survie ! La réflexion, les analyses approfondies, les remises en question n'ont pas leur place quand la survie est en jeu. Il n'y a donc pas d'autres réponses possibles à ce moment-là.

« Les choses auraient pu être différentes si seulement j'avais agi autrement. »

Souvent, on s'imagine que si on avait réagi différemment, on aurait pu changer le cours des choses et améliorer la situation.

Si c'est ton cas, tu ne tiens probablement pas compte du fait que les réactions que tu as eues durant l'événement t'ont apporté certains avantages. Si tu avais réagi autrement, tu aurais aussi pu empirer la situation.

Je m'en veux beaucoup de ne pas m'être défendu devant mes agresseurs. Mais je réalise que si j'avais riposté en donnant des coups, mon agression aurait pu durer plus longtemps et j'aurais pu être plus gravement blessé.

Je me dis souvent que j'aurais pu essayer de sauver mon cousin… Mais j'aurais pu me noyer moi aussi en essayant de le sortir de l'eau…

En fait, les personnes qui vivent un événement traumatique sont souvent confrontées à des choix difficiles qui mènent tous à une conséquence négative, peu importe le choix qu'elles font, qu'elles décident de se défendre ou non, qu'elles crient ou non, qu'elles figent ou non. Ce qu'elles choisissent de faire représente souvent le « moins pire » de tous les choix.

Croire ou ne pas croire tes pensées… telle est la question !

Les pensées générées par notre cerveau apparaissent souvent dans notre tête sans qu'on les contrôle vraiment. As-tu aussi remarqué que l'on croit souvent ces pensées sans nécessairement les remettre en question ?

C'est comme si une musique jouait constamment dans notre tête (une musique que l'on n'aime pas, qui nous énerve et qui nous fait sentir mal) et que l'on ne prenait pas la peine de l'arrêter en appuyant sur le bouton « pause » pour analyser ce qui se passe.

Prendre une distance par rapport à tes pensées

Essaie de prendre une distance par rapport à tes pensées négatives. Fais comme si tu te trouvais au sommet d'une montagne et que tu observais la vue au loin… Cette distance te permettra de remettre en question tes pensées et d'analyser si ce que tu te dis est réaliste et a un sens, ou si c'est plutôt exagéré.

Au lieu d'y croire à 100 %, rappelle-toi qu'une pensée n'est qu'une pensée, c'est-à-dire un ensemble de phrases produites par ton cerveau. Ces phrases sont parfois illogiques et peu utiles. Essaie de voir tes pensées négatives simplement comme des phrases qui traversent ton cerveau.

Remettre en question tes pensées

Une autre façon de gérer tes pensées négatives est d'apprendre à les remettre en cause en te posant quelques questions, un peu comme le feraient une avocate à la cour ou un détective privé. Tu dois chercher des preuves pour appuyer des faits et tu ne peux te fier qu'à tes impressions.

Voici une liste de questions pour t'aider à évaluer tes pensées :

- Quel est le pire qui pourrait arriver ? Quelle est la probabilité que cela arrive ?
- Si le pire arrivait, quelles seraient les solutions possibles ? Quel serait mon plan d'action ?
- Ai-je vécu des situations dans le passé qui me démontrent que cette pensée n'est pas toujours vraie ?
- Quels sont les faits qui me démontrent que cette pensée n'est pas vraie à 100 % ?
- Est-il certain à 100 % que cette situation va se produire ?

Enfin, il est à noter qu'en plus des pensées obstacles, vivre un événement bouleversant peut aussi aller jusqu'à ébranler tes croyances de base par rapport à toi-même, aux autres ou au monde en général. C'est comme si tout ce que tu connaissais de la vie était désormais changé. Tu perçois les situations sous un tout autre angle.

Tu peux avoir développé des **croyances négatives** comme « je suis une mauvaise personne », « le monde est imprévisible et rempli de danger », « je ne peux faire confiance à personne » ou encore « les mauvaises choses n'arrivent qu'à moi ». Si tel est le cas, nous t'encourageons fortement à discuter avec une personne de confiance qui t'aidera à développer une vision du monde plus réaliste et des croyances plus nuancées.

CHAPITRE 6

Affronter tes peurs

« Le courage ne rugit pas toujours. Parfois, c'est une petite voix toute douce qui, à la fin de la journée, murmure… demain, j'essaierai de nouveau. »

- Mary Ann Radmacher

Bien qu'il soit naturel de vouloir éviter tout ce qui te rappelle l'événement traumatique, souviens-toi que l'évitement est un piège… il fait grossir la peur ! À l'inverse, le fait d'affronter ce que tu crains et de t'y exposer te permettra d'atténuer progressivement tes peurs.

En effet, les experts sont unanimes : **l'exposition graduelle est la stratégie la plus efficace pour réduire les symptômes post-traumatiques chez les personnes qui ont vécu un événement bouleversant.**

C'est ce qui s'appelle l'exposition *in vivo,* car il s'agit de s'exposer à des situations réelles. Plus précisément, cette technique consiste à t'amener graduellement à faire face à

TOUT ce qui te rappelle l'événement traumatique (p. ex. les situations, les endroits, les objets, les personnes), dans des conditions sécuritaires et que TU contrôles.

Rappelons qu'après avoir vécu un événement traumatique, ton cerveau reste avec l'impression que tu dois continuer de te protéger avec un bouclier, peu importe où tu vas. Le fait d'affronter petit à petit les situations qui te font peur permettra à ton cerveau de comprendre qu'il peut à présent mettre le bouclier de côté, une fois l'événement traumatique passé.

Tu verras qu'à force d'effectuer les exercices d'exposition, tu parviendras à ressentir moins d'émotions intenses et désagréables lorsque tu te retrouveras en présence de toutes ces choses qui te rappellent le trauma.

Pourquoi t'exposer aux situations qui te font peur ?

Les trucs présentés dans les chapitres précédents demeurent utiles pour gérer tes peurs et peuvent t'aider à te sentir mieux. Toutefois, l'exposition est l'outil qui va t'aider le plus à te départir de tes peurs. Voici pourquoi…

Quand le cerveau fait une association… impossible de l'effacer par la suite. Par exemple, si on te dit et te répète que 1 + 1 = 2, tu vas le croire, bien sûr. Maintenant, si quelqu'un te dit qu'il te donnera un million de dollars si tu oublies que 1 + 1 = 2… Y parviendras-tu? Peut-être oseras-tu mentir pour obtenir le million mais, en vérité, cette information restera dans ta mémoire puisqu'une connexion a été créée dans ton cerveau.

Il en va de même pour les traumatismes. Comme tu l'as appris précédemment, ton cerveau a fait une forte association entre la PEUR que tu as ressentie lors de l'événement traumatique et les ÉLÉMENTS présents durant la situation. L'évitement des situations que tu redoutes t'empêche ainsi d'expérimenter de nouveaux contextes qui te permettraient de créer de nouvelles associations.

En revanche, tu pourras former de nouveaux liens en t'exposant graduellement aux situations que tu crains. Ces nouvelles associations pourront donc être activées de manière plus naturelle à force d'entraînement et de répétitions.

Si, en prenant mon courage à deux mains, je retournais progressivement à la plage, le sable pourrait éventuellement recommencer à être associé à quelque chose de positif.

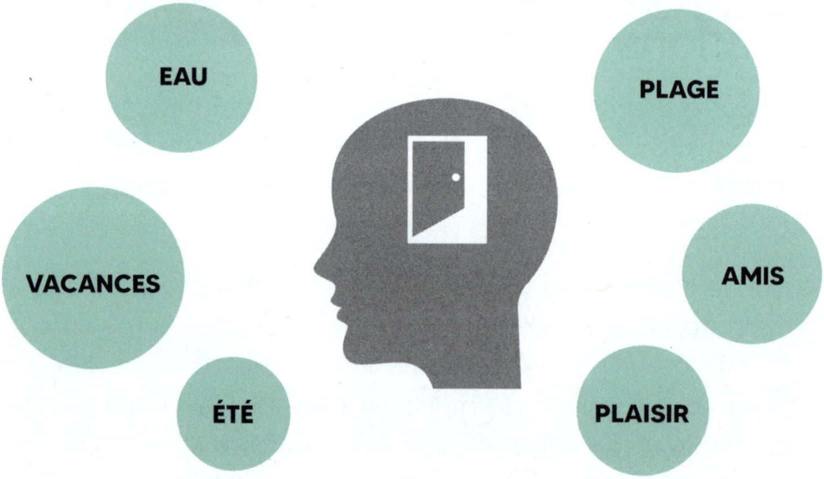

L'illustration qui suit montre ce qu'il advient de ton niveau d'anxiété lorsque tu t'exposes.

LA COURBE D'EXPOSITION

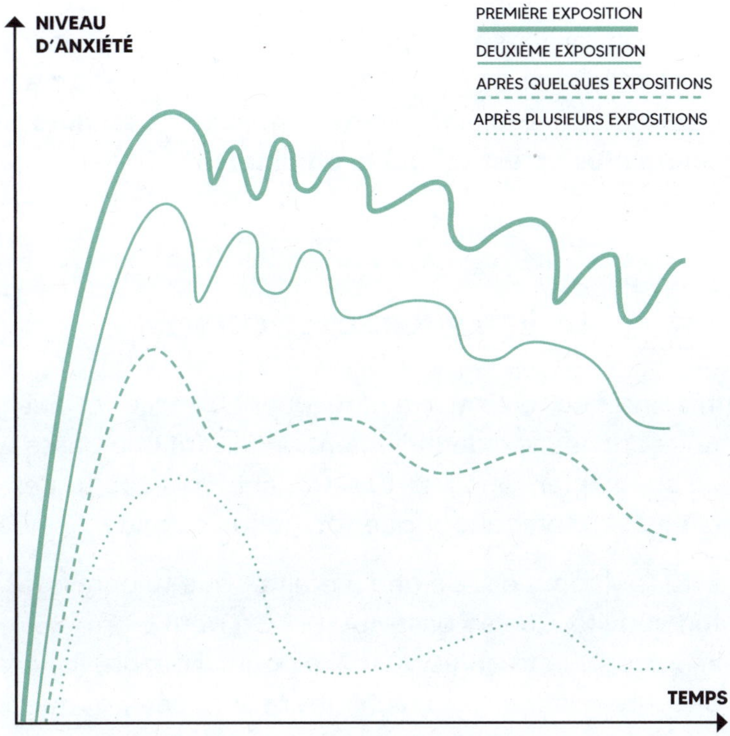

Au début, lorsque tu t'exposeras à la situation qui te fait peur, tu sentiras ton niveau d'anxiété monter, comme d'habitude. C'est ton cerveau qui déclenche le système d'alarme ou qui met en place le bouclier, comme il a l'habitude de le faire depuis l'événement traumatique. Mais si tu t'efforces de rester dans la situation, au lieu de l'éviter comme tu le fais habituellement, tu pourras constater que **cette anxiété finira par s'atténuer.** La fois d'après, en répétant l'exercice et en continuant de rester dans la situation, tu t'apercevras que ton niveau d'anxiété continuera de diminuer, et ainsi de suite d'une fois à l'autre.

Ultimement, l'exposition te permettra de faire diminuer les souvenirs désagréables, de reprendre le contrôle de tes émotions et de sortir de la prison de l'évitement. Les exercices d'exposition proposés dans ce livre t'aideront ainsi à te sentir plus libre et plus solide devant l'anxiété, mais aussi à avoir davantage confiance en tes capacités. **L'anxiété ne te dominera plus : c'est toi qui la domineras !**

LA MÉTAPHORE DE LA COUPURE

Imagine que tu es en train de jouer au soccer et que tu trébuches accidentellement en faisant une passe à un coéquipier. Que fais-tu si tu t'aperçois que tu t'es fait mal en tombant et que ton genou saigne ?

Si tu fais comme si de rien n'était et que tu continues ton activité, que se passera-t-il ? On peut bien imaginer que tu auras du mal à poursuivre, que la blessure commencera à chauffer sur ta peau et que tu ressentiras une douleur qui finira par te déranger et nuire à ton jeu. Pire, si tu continues à jouer sans faire attention à ta blessure, celle-ci pourrait s'infecter et tu pourrais avoir encore plus mal. Les conséquences liées au fait d'ignorer ta blessure s'apparentent aux effets de l'évitement.

Il est donc important d'arrêter le jeu et de nettoyer la blessure afin qu'elle ne s'infecte pas et qu'elle puisse guérir. Sur le coup, le traitement peut faire mal, mais la douleur est passagère et tu te sentiras probablement mieux par la suite. Voilà le but de l'exposition graduelle !

Attention à la pression de ton entourage !

Il peut arriver que tes parents ou tes proches te mettent involontairement de la pression pour que tu t'exposes aux situations que tu cherches à éviter. Ils essaient de te pousser à affronter ta peur en pensant probablement que cela pourrait t'aider à sortir du piège de l'évitement.

Mes amis me répètent d'arrêter d'avoir peur. Ils vont même jusqu'à me dire que c'est « bébé » d'être si effrayée par les chiens ! Un jour, ils m'ont amenée dans un parc à chiens sans me prévenir, en affirmant que je devais juste « plonger » dans l'expérience. Quelle mauvaise surprise ! C'était comme si je revivais le traumatisme une seconde fois…

Mes parents sont de plus en plus impatients et fâchés quand je me sens anxieux le soir et que je demande de dormir près d'eux. Ils ne comprennent pas pourquoi ma peur ne diminue pas avec le temps et me disent que je régresse ou que je fais des caprices. Ils ont décidé que je devais retourner dormir dans mon lit dès ce soir.

Il est important de te rappeler que tu dois apprendre à t'exposer aux situations que tu crains de manière **très graduelle.** Pour ce faire, tu dois y aller en douceur, en respectant ton rythme et tes limites. L'exercice d'exposition graduelle ressemble à un marathon. Pour arriver à courir une telle distance, il faut une pratique régulière et tenter d'augmenter un peu la distance à chaque entraînement.

L'objectif de l'exposition est donc d'augmenter graduellement ta capacité à te remettre en contact avec les situations qui te causent de l'anxiété, jusqu'à ce que ton anxiété s'atténue. Au départ, si c'est très difficile, tu peux te faire accompagner par quelqu'un en qui tu as confiance et qui peut à la fois comprendre ta peur et t'encourager à l'affronter.

Psst ! Assure-toi d'abord d'être en sécurité !

Même s'il est important de t'exposer aux situations qui te font peur, tu dois d'abord et avant tout t'assurer de préserver une sécurité relative. Bien sûr, on ne peut jamais être totalement en sécurité dans la vie. On court toujours des risques. Mais si tu as vécu une situation comme celle de Carl ou celle d'Inès et que les gens qui t'ont fait du mal sont encore dans ton entourage, tu dois d'abord et avant tout veiller à être en sécurité.

Il sera difficile de digérer l'événement et de te relever de ce choc s'il y a encore un risque que ces gens s'en prennent à toi ou si tu les côtoies au quotidien. Ce sera bien normal de continuer d'avoir peur, de faire preuve de vigilance et d'avoir envie d'éviter les endroits où ces personnes se trouvent. N'hésite pas à en parler à un intervenant ou à une intervenante, à tes parents ou à des personnes de confiance si tu crains pour ta sécurité. Tu n'as pas à côtoyer tes agresseurs !

Les étapes pour t'exposer graduellement

Voici les étapes qui te permettront de t'exposer graduellement, de manière à surmonter ta peur.

- ÉTAPE 1 -

Nomme les situations que tu souhaites affronter

- Dresse une liste de toutes les situations (p. ex. endroits, activités, objets, personnes) qui te rappellent l'événement traumatique, qui te causent beaucoup d'anxiété et que tu as tendance à éviter.
- Pour chacune de ces situations, évalue ton niveau d'anxiété sur une échelle de 0 à 10.
- Ensuite, classe ces situations en ordre croissant, c'est-à-dire de la moins stressante à celle qui semble la plus **anxiogène** (le mot anxiogène signifie « qui génère de l'anxiété »).

SITUATION : **NIVEAU D'ANXIÉTÉ**

____

____

____

____

____

____

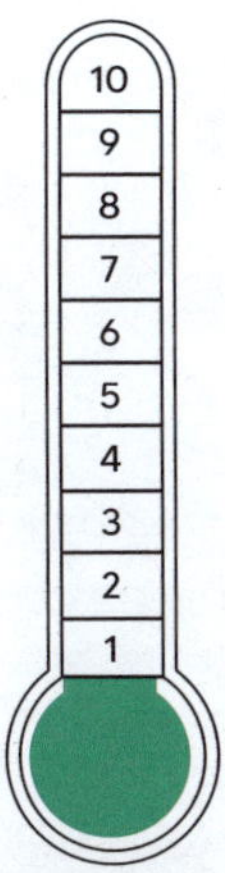

- ÉTAPE 2 -

Expose-toi à chacune des situations en utilisant la méthode de l'escalier.

- Commence par la première situation, celle qui te cause le moins d'anxiété. Cette première situation d'exposition ne doit pas générer une anxiété plus forte que 4 sur 10 environ. Détermine l'objectif final que tu aimerais atteindre en lien avec cette situation.
- Ensuite, divise cet objectif en plusieurs petits sous-objectifs. Trouve toutes les étapes qui pourraient être accomplies pour atteindre l'objectif final.
- Lorsque tu t'exposeras à la situation, restes-y jusqu'à ce que l'anxiété ait diminué d'au moins la moitié. Il est très important de ne pas fuir une situation d'exposition. Rappelle-toi que fuir permettra d'atténuer l'anxiété seulement à court terme. Cela t'empêchera de réaliser que l'anxiété aurait pu s'atténuer par elle-même et qu'il n'y avait aucun danger, finalement (c'est le piège de l'évitement).
- Par la suite, répète plusieurs fois cette même étape d'exposition jusqu'à ce que tu t'habitues et que l'anxiété ne t'envahisse plus. Le but est de monter une marche à la fois, jusqu'à ce que ça devienne confortable. Ainsi, la prochaine marche te paraîtra déjà moins haute.
- N'hésite pas à demander à tes parents ou à tes amis de te soutenir et de s'impliquer pour t'aider à accomplir ces exercices.

L'ESCALIER D'EXPOSITION : L'EXEMPLE DE LIAM

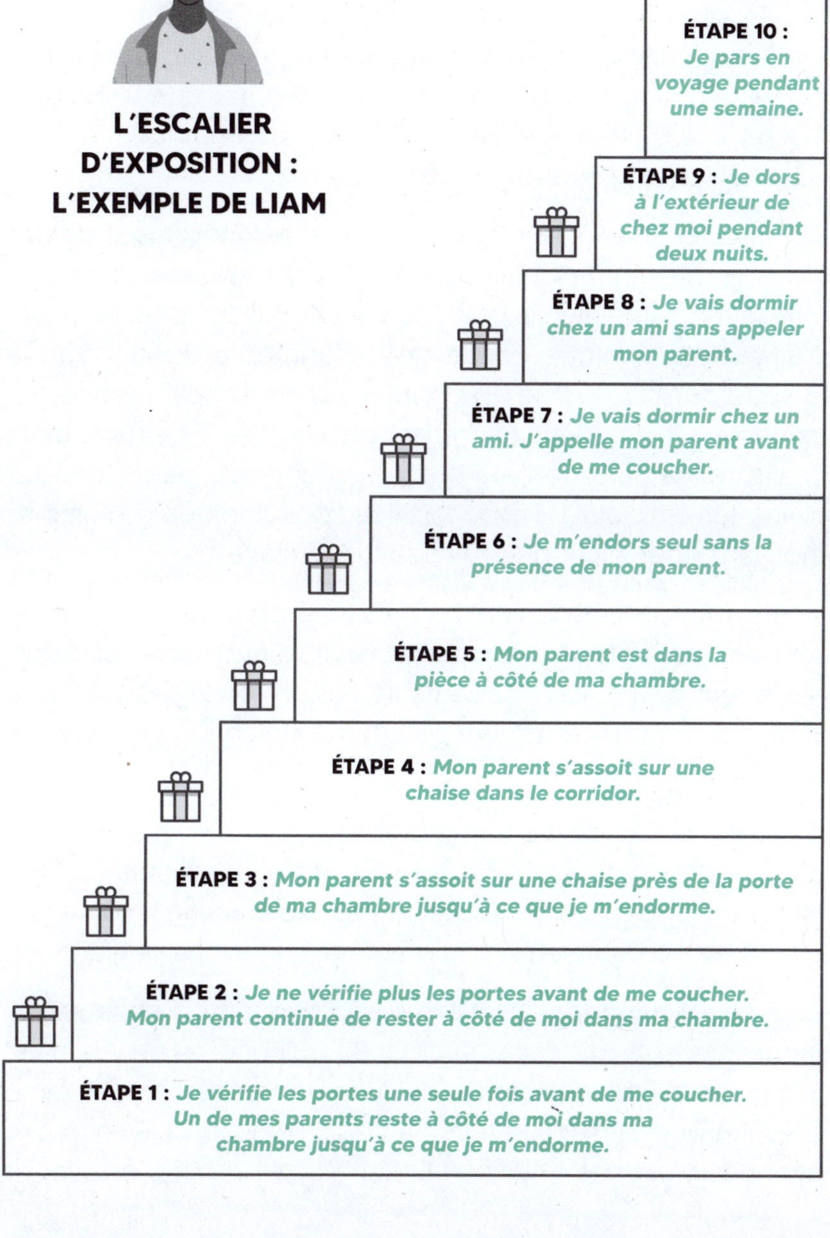

Apprendre à te récompenser et à te féliciter

Si tu as commencé à effectuer des exercices d'exposition, tu fais certainement beaucoup d'efforts pour apprendre à maîtriser les peurs liées à ton événement traumatique. C'est pourquoi il est important d'apprendre à te féliciter et à te récompenser après chaque exercice d'exposition. Non, ce n'est pas ridicule ! C'est sain, et tu le mérites bien !

D'abord, les études démontrent que le **renforcement positif** (c'est-à-dire les félicitations ou les récompenses) constitue une façon saine de se motiver. En effet, il est plus motivant d'accomplir quelque chose de désagréable ou de difficile lorsque quelque chose de positif nous attend par la suite. Par exemple, si tes parents te demandent de faire le ménage de ta chambre, ça ne te tentera probablement pas, mais si tu peux inviter tes amis après l'avoir fait, il est possible que ce soit plus motivant pour toi et que tu sois plus efficace.

Ainsi, le fait de savoir qu'une petite récompense est prévue après chaque étape d'exposition peut te motiver à accomplir tes exercices ! C'est d'ailleurs la raison pour laquelle une image de cadeau se trouve au-dessus de chaque marche de l'escalier d'exposition.

De plus, le fait de te récompenser après chaque exercice d'exposition t'apprend à reconnaître et à souligner tes efforts à chaque étape de la démarche (et pas seulement à la toute fin), ce qui aura comme effet d'augmenter ton estime personnelle.

Pour ce qui est des félicitations, il s'agit de mots d'encouragement que tu te dis après avoir accompli une tâche. Ce n'est pas grave si une séance d'exposition ne se passe pas comme prévu et que tu n'as pas réussi à t'exposer jusqu'à la fin... L'expérience n'est pas « ratée » ! En fait, tu as besoin d'essayer et de t'exercer plusieurs fois. Il est nécessaire de commettre des erreurs pour apprendre, c'est normal!

Même si un exercice d'exposition n'est pas réalisé jusqu'au bout, tu as plusieurs raisons de te féliciter...

... parce que tu utilises des moyens pour affronter ta peur;

... parce que tu tentes de surmonter ton trauma avec courage et persévérance, une étape à la fois;

... parce que tu investis du temps et de l'énergie à travailler sur toi-même, à faire des essais et à t'exposer;

... parce que tu acceptes de commettre des erreurs;

... parce qu'à chaque essai, tu apprends quelque chose qui te servira la prochaine fois;

... parce que tu t'améliores.

En apprenant à te féliciter régulièrement, tu apprends aussi à développer une meilleure estime de toi.

IDÉES DE RÉCOMPENSES À T'OFFRIR

- Une petite gâterie sucrée ou salée (p. ex. bonbons, jujubes, chocolat, chips, crème glacée, popcorn).
- Un déjeuner spécial (p. ex. chocolat chaud, gaufres maison).
- Une récompense matérielle ou un objet (p. ex. livre, musique, jeu, papeterie, décoration pour ta chambre).

- Un moment de qualité avec une personne que tu aimes (p. ex. aller au cinéma, magasiner, cuisiner, écouter de la musique, jouer à un jeu de société, faire du *scrapbooking*, réaliser un album de photos).

Idées de félicitations ou de mots d'encouragement

- « Bravo, bel essai ! »
- « J'ai perdu la bataille contre mon anxiété cette fois-ci, mais je vais me reprendre la prochaine fois. »
- « Je n'ai pas échoué totalement. J'ai plutôt réussi partiellement. »
- « J'ai essayé et ça n'a pas encore fonctionné. J'ai besoin de m'exposer encore quelques fois pour me sentir mieux. »
- « Il y a un mois, je n'étais même pas capable de penser à l'événement traumatique. Aujourd'hui, je m'exerce à m'exposer à tout ce qui me rappelle l'événement. Quel progrès ! »

Que faire si ton anxiété devient trop élevée pendant les exercices d'exposition ?

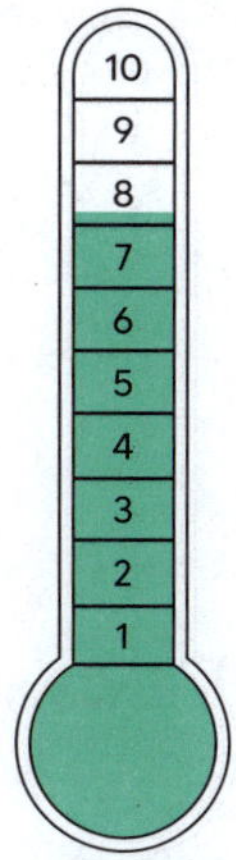

Si ton niveau d'anxiété monte trop (p. ex. 8 sur 10 sur le thermomètre de l'anxiété), voici ce qu'il faut faire :

- Arrête-toi un moment pour faire quelques respirations lentes et profondes.
- Utilise tes phrases d'ancrage pour te rappeler que l'événement est chose du passé.
- Retourne dans la situation dès que ton niveau d'anxiété a baissé à 5-7 sur 10 et poursuis l'exercice d'exposition jusqu'à la fin, c'est-à-dire jusqu'à ce que ton anxiété soit redescendue à un niveau de 3 sur 10 ou moins.

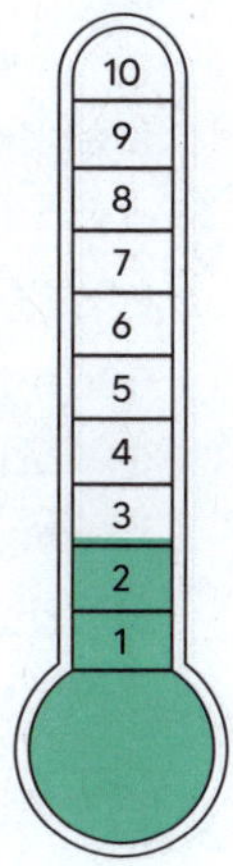

L'EXPOSITION EN IMAGINATION... UNE AUTRE FAÇON DE S'EXPOSER

L'exposition en imagination représente une autre façon de s'exposer. Cette technique aide à faire diminuer les souvenirs répétitifs et envahissants de l'événement traumatique. Elle consiste à raconter ton événement traumatique et à mettre en mots tout ce que tu as vécu. Cela paraît simple, mais peut s'avérer très difficile pour les jeunes qui ont l'habitude de faire de **l'évitement cognitif** (éviter d'y penser).

Je n'ai jamais raconté mon histoire à quiconque, car je me sens trop coupable de ce qui est arrivé.

L'exposition en imagination s'apparente à l'écoute d'un film d'horreur. Au premier visionnement, on peut être tenté de fermer les yeux pour éviter de voir les scènes d'horreur ou même d'arrêter le film parce qu'on le trouve trop épeurant. Cependant, si on le regarde jusqu'à la fin et qu'on l'écoute à plusieurs reprises, on s'habitue de plus en plus aux scènes. Celles-ci deviennent beaucoup moins angoissantes, car on peut prévoir ce qui va se passer.

Le même principe s'applique à tes souvenirs de l'événement. Tu dois « visionner » ton histoire à plusieurs reprises, comme le film d'horreur, jusqu'à ce que tes mauvais souvenirs ne te bouleversent plus et que tu sois plus en mesure de prendre de la distance par rapport à ces images.

Si tu sens que tes souvenirs de l'événement prennent beaucoup trop de place, il est conseillé de consulter un ou une psychologue qui détient une expertise dans l'utilisation de cette technique.

CHAPITRE 7

Donner un sens

Après un événement bouleversant, il est possible que plusieurs questions t'envahissent. Le cerveau a constamment besoin de comprendre, de trouver un sens et une explication aux événements. C'est une manière de se rassurer et de tenter de se protéger, un peu comme si le fait de comprendre te permettait ensuite de mieux contrôler les événements ou de les prévenir.

Pourquoi ça t'est arrivé à toi, pourquoi à ce moment précis, pourquoi de cette manière? C'est toujours difficile de trouver un sens aux événements. Généralement, c'est plus envisageable de le faire lorsque tu as accompli un certain cheminement depuis l'événement, lorsque plusieurs aspects ont été assimilés et digérés et que tu as pu retrouver un bon niveau de fonctionnement.

Ce n'est qu'après avoir intégré pleinement ce qui s'est passé que tu pourras commencer à réfléchir aux aspects qui semblent s'être améliorés depuis l'événement, aux choses que tu auras apprises et acquises grâce à ce traumatisme. Bien sûr, plusieurs choses auront changé à l'intérieur de toi, mais peut-être pourras-tu reconnaître des aspects qui auront évolué de manière positive, des forces que tu n'aurais pas pu acquérir autrement.

Peut-être que cette épreuve est un moment opportun pour redéfinir certains objectifs de vie, clarifier tes besoins, changer ton mode de vie ou encore redéfinir tes priorités et même tes valeurs ! C'est peut-être un grand tournant dans ta vie, un moment idéal pour faire certaines remises en question.

Il n'existe évidemment pas « un seul sens » à ce qui t'arrive ! Cela dit, tu peux y trouver ton propre sens, tes propres explications. Certaines personnes diront par exemple que ça leur a permis de jouir encore plus de leur vie, de mieux se centrer sur ce qui est positif ou encore de ne plus attendre avant de passer à l'action pour réaliser leurs rêves. D'autres diront que ça leur a permis de mieux comprendre les autres, et d'être plus sensibles et empathiques par rapport à la souffrance et à la peur. D'autres personnes affirment que cela leur a permis de découvrir une force extraordinaire en elles qui leur prouve qu'elles sont capables d'affronter l'adversité.

Cette mauvaise expérience m'a appris à m'ouvrir davantage aux autres, à parler de mes bons coups, mais aussi de mes moments plus difficiles. Avec le temps, j'ai découvert que le fait de parler de ce qui me rend vulnérable aux amis en qui j'ai réellement confiance m'aide à me sentir soutenu, et donc moins seul.

Un an après le décès de ma sœur, mes parents ont décidé de changer de travail de manière à pouvoir consacrer plus de temps à la famille. Nous passons maintenant plus de temps de qualité à jouer à des jeux, à nous câliner ou à parler, tout simplement. Cette tragédie nous a permis de nous rapprocher et de nous recentrer sur nos valeurs familiales.

Autrement dit, **trouver un sens pourrait te permettre d'évoluer de manière positive dans ta vie.** Ça ne veut pas dire de nier ce qui s'est passé, mais plutôt de franchir une nouvelle étape, de « boucler une boucle » lorsque les symptômes se seront atténués.

Tu as survécu, tu as traversé cette épreuve! C'est la preuve que, même si tu vis un grand bouleversement dans ta vie, tu peux en sortir plus solide et regagner ta confiance. Même si on subit les événements tragiques, on demeure responsable de ce que l'on fait par la suite. Prendre la pleine mesure de la fragilité de la vie nous aide parfois à mieux reconnaître ce qui est essentiel pour nous.

Bien sûr, trouver un sens n'effacera pas ce qui s'est passé. En revanche, cela pourrait te permettre de poursuivre ton chemin et de tendre vers un plus grand bien-être. Tu ne réaliseras pas pleinement tout ce que cela a pu t'apporter du jour au lendemain. Évite de te mettre cette pression. Mais graduellement, après de multiples réflexions personnelles, discussions avec ton entourage et prises de conscience, tu finiras assurément par trouver des pistes qui auront du sens, qui éveilleront des choses positives en toi. Le processus évoluera tout doucement, sans que tu aies à le provoquer activement. N'hésite pas à te donner des moments pour ralentir, t'apaiser, te déposer.

Le mot de la fin

En choisissant de prendre le temps de lire ce livre, tu as déjà franchi une première étape pour te permettre de prendre soin de toi. Tu as vécu une expérience très difficile qui a certainement laissé des traces dans ta vie. Parfois, le seul fait de comprendre tes réactions post-traumatiques peut t'aider à t'apaiser et t'amener une plus grande compassion pour toi-même.

Désormais, tu dois apprendre à intégrer ce qui t'est arrivé dans ta nouvelle conception du monde et de la vie. Peu à peu, tu pourras réapprendre à faire confiance et tu te sentiras plus en sécurité. Lorsque tu éprouveras moins de détresse, il te sera plus facile de reprendre une vie plus normale et de recommencer à vaquer à tes occupations.

Même si, après un certain temps, tu évalues que tes symptômes post-traumatiques se sont atténués, n'oublie pas que la vie continuera de mettre des épreuves et des défis sur ton chemin. Éprouver de l'anxiété, des moments d'angoisse, de la peur, de la peine ou de l'impuissance sera normal. Vivre des difficultés ne signifie pas automatiquement que tu rechutes. Les émotions désagréables ne sont pas nécessairement des symptômes de quelque chose d'anormal.

Il se peut que tu te sentes plus fragile à certains moments. Par exemple, il est tout à fait possible qu'en arrivant près de la date à laquelle l'événement s'est produit, tu puisses temporairement y repenser davantage, éprouver des souvenirs envahissants ou désagréables. Il est également possible que tu arrives moins bien à tolérer le stress qu'auparavant, que tu sois plus sensible aux conflits, aux tensions ou aux exigences. Si ce qui t'est arrivé entraîne des procédures judiciaires, il est également fort probable que cela te fasse vivre de l'anxiété ou d'autres symptômes. Bien sûr, tu risques aussi de te sentir vulnérable si tu entends parler d'un événement semblable au tien.

Continue de prêter attention à tes comportements d'évitement, par exemple au fait de ne jamais vouloir penser à l'événement ou d'éviter tout ce qui pourrait y être associé. Essaie aussi d'observer si tu as plus tendance à te renfermer sur toi-même, à t'isoler, à consommer de l'alcool ou de la drogue, à avoir de la difficulté à te concentrer ou à être plus irritable. Rappelle-toi, le soutien des membres de ton entourage est extrêmement important.

N'oublie pas qu'après un événement traumatique, plusieurs réactions sont normales. Tu as peut-être vu ta confiance envers les autres et envers la vie être détruite. Tes symptômes risquent de te faire souffrir et pourraient nuire à ton fonctionnement à l'école, à ton travail, à la maison et dans tes loisirs avec tes amis. Sache que ce que tu vis n'a rien à voir avec de la faiblesse.

Si tu observes que tes symptômes ne s'atténuent pas après quelques semaines et même qu'au contraire, ils s'accentuent, tu dois absolument consulter un professionnel ou une professionnelle de la santé. Si tu observes que tu as du mal à dormir, à étudier, à sortir avec tes amis et que l'anxiété et la peur te submergent, n'hésite pas à demander de l'aide extérieure. Ce livre est un guide pour te permettre de comprendre tes réactions, mais il ne remplace aucunement une thérapie. Plusieurs psychologues se spécialisent dans le traitement des traumas, ils seront là pour te guider et te permettre de surmonter tes peurs.

Enfin, il est important que tu saches que les réactions post-traumatiques peuvent parfois survenir plusieurs mois et même parfois plusieurs années après l'événement. C'est un peu comme si les symptômes étaient en « dormance » à l'intérieur de toi et qu'ils étaient activés plus tard, généralement à la suite d'un événement déclencheur qui comporte habituellement des similitudes avec l'événement initial. Si c'est ce que tu vis, n'hésite pas non plus à en parler et à demander de l'aide au besoin.

Section pour les proches

Que faire pour accompagner un être cher qui souffre de trouble de stress post-traumatique ?

Si vous avez lu ce livre, nous espérons de tout cœur que vous comprenez désormais un peu mieux les réactions possibles après un événement bouleversant. L'adolescence et le début de l'âge adulte sont des périodes très critiques pour le développement, puisque c'est à ce moment que l'identité et la personnalité se forgent. La vulnérabilité associée au trouble de stress post-traumatique peut nuire à ce processus développemental.

Comme proche, il n'est pas toujours facile de savoir comment aider ou soutenir une personne que l'on aime devant l'adversité.

> *Que dire ?*
>
> *Que faire ?*
>
> *Quelle attitude adopter ?*
>
> *Comment la soutenir dans les moments de crise ?*
>
> *Comment l'encourager à affronter ses difficultés ?*
>
> *Faut-il la questionner ou attendre qu'elle vienne vers nous pour en parler ?*

En plus de nuire au fonctionnement quotidien, les réactions post-traumatiques peuvent avoir des répercussions sur l'identité de la personne. Ses croyances fondamentales peuvent avoir été ébranlées, et son monde intérieur peut se transformer. Cela peut affecter son estime personnelle, mais aussi sa manière de percevoir les dangers, de percevoir les autres ou de se percevoir elle-même. Nous souhaitons donc vous donner quelques pistes pour vous aider à l'accompagner avec sensibilité.

Tout d'abord, il est fondamental de **l'écouter** raconter son trauma et d'être en mesure **d'accueillir ses émotions.** La personne doit sentir qu'elle peut tout dire sans craindre le jugement, la critique, la culpabilisation ou le mépris. Bien sûr, vous devez avoir la capacité de tolérer ses élans émotifs, quels qu'ils soient, sans insinuer qu'il n'est pas correct de se sentir « comme ceci » ou « comme cela » et, surtout, sans que son histoire vous submerge ou vous dépasse. Le fait d'adopter une attitude d'écoute et d'empathie et de valider l'expérience de l'autre aidera grandement à restaurer son sentiment de sécurité et l'encouragera à surmonter ses peurs.

De même, il est primordial de **ne pas blâmer** la personne, peu importe ses réactions pendant ou après l'événement. Même si vous jugez qu'elle a commis une erreur, rappelez-vous que personne ne peut réellement prédire la survenue d'un événement ni anticiper ses réactions. On réagit « comme on peut », et non « comme on veut », dans un élan d'instinct de survie. C'est très facile après coup d'analyser la situation pour évaluer tout ce qui aurait pu ou dû être fait, lorsque l'on a toutes les informations en main. Les réactions post-traumatiques ont très peu à voir avec la volonté. Il ne s'agit pas non plus de paresse, de caprice ou de crise d'adolescence.

Pour bien soutenir la personne, il est judicieux d'éviter de lui dire d'essayer d'oublier ce qui s'est passé. L'humain n'a pas la faculté d'oublier sur commande. Si c'était possible, tout le monde se porterait mieux! Nous vous conseillons plutôt de lui offrir un climat sécurisant et réconfortant, qui l'aide à s'exprimer.

Éventuellement, la personne qui a vécu un événement traumatique devra apprendre à affronter les situations qui génèrent de la peur, pourvu que le contexte soit sécuritaire, cela va de soi! Il s'agit là d'une grande partie du travail de reconstruction. **N'hésitez pas à l'accompagner au début pour la sécuriser,**

puis graduellement, encouragez-la à continuer de s'exposer aux situations par elle-même, sans lui mettre de pression. Vous pouvez lui rappeler d'utiliser des techniques de respiration et de relaxation pour se détendre au besoin. De belles félicitations seront appréciées et permettront de reconnaître les efforts qu'elle déploie pour affronter ses peurs.

Il est important d'éviter de répéter sans relâche à la personne ce qu'elle doit faire. Il y a fort à parier qu'elle le sait déjà ! Cette pression risque de lui donner le sentiment de ne pas être à la hauteur. Elle pourrait aussi se sentir incomprise et invalidée.

Des discussions avec les autres adultes de son entourage (p. ex. ses enseignants et ses enseignantes, la direction de l'école, les intervenants et les intervenantes) seront importantes pour veiller à lui offrir la sécurité nécessaire.

Notez par ailleurs qu'il est crucial de prêter une attention toute particulière aux changements importants dans son humeur, ses réactions, son attitude et son fonctionnement. Il serait important qu'elle consulte rapidement si vous observez qu'elle n'a plus d'intérêt pour ce qui lui plaisait normalement, qu'elle s'isole et ne veut plus voir ses amis ou sa famille, qu'elle semble détachée de tout, qu'elle se dévalorise, qu'elle pleure plus souvent, qu'elle perd ou prend du poids drastiquement ou qu'elle a des idées suicidaires. Ce sont des signes de dépression.

La personne se montre-t-elle plus agressive ou impulsive? Éprouve-t-elle soudainement des difficultés scolaires ou des douleurs physiques (p. ex. avoir mal au ventre ou à la tête)? Adopte-t-elle des comportements régressifs? Prêtez attention à la consommation de drogue ou d'alcool ou aux autres comportements autodestructeurs comme l'automutilation. Certaines personnes y recourent pour gérer leur anxiété ou leurs émotions. L'observation sera fondamentale pendant les semaines, voire les mois suivant l'événement !

Finalement, voir un être cher être victime ou témoin d'un événement tragique peut vous faire souffrir également. Devant la souffrance d'une personne proche, vous pouvez ressentir plusieurs émotions : bouleversement, impuissance, révolte, colère, tristesse... Il peut alors être très difficile de l'accompagner. Peut-être vous sentez-vous coupable ou responsable ? Peut-être êtes-vous en colère contre la personne ou contre la vie ? Peut-être ressentez-vous une rage profonde envers la personne qui a commis l'agression ? Il est possible également que vous ressentiez de l'irritation ou que les changements que la situation a occasionnés dans votre quotidien vous dérangent. Il est important de ne pas vous attendre à ce que votre vie reprenne son cours exactement comme avant.

Si vous sentez que la situation vous affecte vous aussi, n'hésitez pas à consulter un professionnel ou une professionnelle de la santé pour vous-même. Les proches aussi ont parfois besoin d'aide pour exprimer leurs propres émotions en lien avec le trauma subi par une personne qu'ils aiment ou qu'ils accompagnent. Ce peut être une bonne manière de vous assurer d'être capable d'offrir à la personne un soutien émotionnel adéquat. Il serait illusoire de penser qu'une expérience pénible n'affecte pas l'entourage de la victime. Il est donc très important de vous préserver, d'avoir du soutien et de prendre soin de vous.

Bibliographie

American Psychiatric Association. (2013). *Diagnostic and statistical manual of mental disorders DSM-5* (5e éd.). https://doi.org/10.1176/appi.books.9780890425596

Berthiaume, C., Bériault, M. et Turgeon, L. (2006). L'état de stress post-traumatique chez les enfants : manifestations et traitement. Dans S. Guay et A. Marchand (dir.), *Les troubles liés aux événements traumatiques : dépistage, évaluation et traitements* (p. 137-164). Les Presses de l'Université de Montréal.

Berthiaume, C. et Turgeon, L. (2012). L'intervention cognitivo-comportementale auprès des enfants et des adolescents présentant un état de stress post-traumatique. Dans L. Turgeon et S. Parent (dir.), *Intervention cognitivo-comportementale auprès des enfants et des adolescents* (tome 1, p. 87-114). Presses de l'Université du Québec.

Bond, S., Belleville, G. et Guay, S. (2019). *Les troubles liés aux événements traumatiques : guide des meilleures pratiques pour une clientèle complexe*. Presses de l'Université Laval.

Brillon, P. (2012). *Quand la mort est traumatique : passer du choc à la sérénité*. Les Éditions Québecor.

Brillon, P. (2023). *Comment aider les victimes souffrant de stress post-traumatique : guide à l'intention des thérapeutes* (8e éd.). Les Éditions de l'Homme.

Brillon, P. (2023). *Se relever d'un traumatisme : réapprendre à vivre et à faire confiance* (8e éd.). Les Éditions de l'Homme.

Brown, B. (2014). *Le pouvoir de la vulnérabilité : dépasser l'anxiété, la peur et la honte pour oser être soi*. Éditions Guy Trédaniel.

Brown, B. (2021). *Atlas of the heart: Mapping meaningful connection and the language of human experience*. Random House.

Burns, D. D. (1994). *Être bien dans sa peau : traitement éprouvé cliniquement pour vaincre la dépression, l'anxiété et les troubles de l'humeur*. Éditions Héritage.

Cohen, J. A., Mannarino, A. P. et Deblinger, E. (2006). *Treating trauma and traumatic grief in children and adolescents*. Guilford Press.

Cottraux, J. (2020). *Les psychothérapies comportementales et cognitives* (7e éd.). Elsevier Masson.

Dionne, M. (2024, janvier). *Les impacts de la pandémie de COVID-19 chez les jeunes de 14 à 17 ans du Québec* (publication no 3433). Institut national de santé publique du Québec. https://www.inspq.qc.ca/sites/default/files/2024-01/3433-pandemie-covid-19-impacts-adolescents.pdf

Foa, E. B. et Keane, T. M. (2010). *Effective treatments for PTSD: Practice guidelines from the International Society for Traumatic Stress Studies* (2e éd.). Guildford Press.

Follette, V. M. et Pistorello, J. (2007). *Finding life beyond trauma: Using acceptance and commitment therapy to heal from post-traumatic stress and trauma-related problems*. New Harbinger Publications.

Forbes, D., Bisson, J. I., Monson, C. M. et Berliner, L. (2020). *Effective treatments for PTSD: Practice guidelines from the International Society for Traumatic Stress Studies* (3e éd.). Guilford Press.

Germain, V. et Vaillancourt, L. (2016). *La voie du retour : un ouvrage destiné aux militaires et vétérans pour survivre à la guerre intérieure*. Éditions au Carré.

Gillies, D., Taylor, F., Gray, C., O'Brien, L. et D'Abrew, N. (2013). Psychological therapies for the treatment of post-traumatic stress disorder in children and adolescents (Review). *Evidence-Based Child Health: A Cochrane Review Journal, 8*(3), 1004-1116. https://doi.org/10.1002/ebch.1916

Greenberger, D. et Padesky, C. A. (2008). *Dépression et anxiété : comprendre et surmonter par l'approche cognitive : un guide pratique*. Décarie Éditeur.

Greenberger, D. et Padesky, C. A. (2015). *Mind over mood: Change how you feel by changing the way you think* (2e éd.). Guilford Press.

Gutermann, J., Schreiber, F., Matulis, S., Schwartzkopff, L., Deppe, J. et Steil, R. (2016). Psychological treatments for symptoms of posttraumatic stress disorder in children, adolescents, and young adults: A meta-analysis. *Clinical Child and Family Psychology Review, 19*(2), 77-93. https://doi.org/10.1007/s10567-016-0202-5

Kédia, M. et Sabouraud-Séguin, A. (2020). *Psychotraumatologie*. Dunod.

Krijnen, L. J. G., Kenardy, J. et De Young, A. (2023). *Trouble de stress post-traumatique chez les jeunes enfants*. Encyclopédie sur le développement des jeunes enfants. https://www.enfant-encyclopedie.com/anxiete-et-depression/selon-experts/trouble-de-stress-post-traumatique-chez-les-jeunes-enfants

Kubany, E. S. et Manke, F. P. (1995). Cognitive therapy for trauma-related guilt: Conceptual bases and treatment outlines. *Cognitive and Behavioral Practice, 2*(1), 27-61. https://doi.org/10.1016/S1077-7229(05)80004-5

Kübler-Ross, E. et Kessler, D. (2011). *Sur le chagrin et le deuil.* Pocket.

Leahy, R. L., Tirch, D. et Napolitano, L. A. (2011). *Emotion regulation in psychotherapy: A practitioner's guide.* Guilford Press.

Linehan, M. M. (2014). *DBT skills training manual* (2e éd.). Guilford Press.

Marchand, A., Letarte, A. et Seidah, A. (2018). *La peur d'avoir peur : guide de traitement du trouble panique et de l'agoraphobie* (4e éd.). Éditions Trécarré.

Meiser-Stedman, R. (2002). Towards a cognitive-behavioral model of PTSD in children and adolescents. *Clinical Child and Family Psychology Review, 5*(4), 217-232. https://doi.org/10.1023/a:1020982122107

Morin, C. M. (2021). *Vaincre les ennemis du sommeil.* Les Éditions de l'Homme.

Orban, P. (2022). *Psychothérapies pour le trouble du stress post-traumatique.* Dunod.

Perrin, S., Smith, P. et Yule, W. (2004). Treatment of PTSD in Children and Adolescents. Dans P. M. Barrett et T. H. Ollendick (dir.), *Handbook of interventions that work with children and adolescents: Prevention and treatment* (p. 217-242). John Wiley and Sons.

Resick, P. A., Monson, C. M. et Chard, K. M. (2024). *Cognitive processing therapy for PTSD: A comprehensive therapist manual* (2e éd.). Guilford Press.

Séguin, M. et Fréchette, L. (1995). *Le deuil : une souffrance à comprendre pour mieux intervenir.* Les Éditions Logiques.

Site Web

www.psychologytools.com

Remerciements

Je tiens d'abord à saluer le courage et la force dont font preuve les victimes de trauma lorsque vient le temps de surmonter les séquelles laissées par une expérience bouleversante. Je sais le travail exigeant que cela demande. Il faut alors affronter ce qui fait mal, ce qui fait peur. Ouvrir ce livre est déjà un premier pas courageux.

L'écriture d'un livre constitue souvent l'aboutissement d'un cheminement lors duquel on croise des personnes significatives, qui nous influencent de diverses manières. Dès le début de mon parcours doctoral, j'ai eu la chance d'être appuyée par un grand chercheur dans le domaine de l'état de stress post-traumatique, André Marchand. Dix ans plus tard, son influence porte encore ses fruits. Merci beaucoup ! De plus, je tiens à remercier Pascale Brillon pour l'ensemble de ses formations, de ses livres et de ses supervisions cliniques qui, chaque fois, m'aident à évoluer comme intervenante.

La rédaction de cet ouvrage n'aurait pu se faire sans le soutien et le travail remarquable de l'équipe des Éditions Midi trente, avec qui c'est toujours un plaisir de collaborer. Merci particulièrement à Jacinthe pour l'édition et à Marianne pour le graphisme.

Finalement, un merci tout spécial à Louis et à nos trois mousquetaires pour leur soutien de tous les instants.

Vanessa

En premier lieu, je souhaite remercier tous les jeunes — et les moins jeunes — avec qui j'ai la chance de travailler au quotidien. J'ai eu le privilège de voir grandir certains d'entre eux depuis leur enfance ! Les accompagner à travers des périodes remplies de défis, de transitions de vie et d'épreuves est réellement touchant. Je tiens à souligner le courage dont ces personnes font preuve lorsqu'elles décident de s'ouvrir et de se montrer vulnérables pour travailler sur elles-mêmes. Vous m'inspirez !

Ce livre représente le fruit d'une accumulation de connaissances et d'expériences acquises au fil des années. Je souhaite ainsi remercier les personnes que j'ai rencontrées en chemin, mes superviseurs passés et présents qui m'ont accompagnée avec bienveillance et générosité ainsi que mes amies psychologues de longue date. Ces personnes ont influencé ma pratique et m'aident à grandir en tant que psychologue.

Merci à l'équipe des Éditions Midi trente pour cette collaboration. Vous formez une équipe solide et formidable.

Merci à mon noyau familial, Michel, Loann et Maëlia. Je suis si reconnaissante de vous avoir dans ma vie.

Alessandra

Les autrices

Vanessa Germain, Ph. D., est psychologue clinicienne depuis 2006 auprès d'une clientèle adulte et adolescente. Elle se spécialise, entre autres, dans le traitement des troubles anxieux et plus particulièrement du trouble de stress post-traumatique. Cette expertise l'a amenée à collaborer depuis de nombreuses années avec les Forces armées canadiennes, les Anciens combattants et la Gendarmerie royale du Canada. Autrice de nombreux articles scientifiques, elle a également collaboré à la rédaction de deux ouvrages portant sur les troubles liés aux événements traumatiques. Vanessa est formatrice, conférencière et fondatrice de la Clinique Argyle, située sur la Rive-Sud de Montréal.

Alessandra Chan, Ph. D., est psychologue clinicienne depuis 2008. Après s'être spécialisée dans le développement émotionnel et social des enfants et des adolescents durant sa formation doctorale, elle a acquis une grande expertise clinique dans le traitement des problèmes d'anxiété chez les jeunes et chez les adultes. Elle s'intéresse particulièrement à la manière dont les expériences vécues dans l'enfance et l'adolescence influencent la trajectoire psychologique d'une personne. Pendant plusieurs années, elle a travaillé dans le secteur public et dans le milieu de la recherche. Elle a également participé à la formation des étudiants en tant que chargée de cours et a donné des conférences sur l'anxiété chez les jeunes.

À présent, elle se consacre entièrement à sa pratique privée à Montréal. Elle accompagne des jeunes adultes et des adultes qui éprouvent des problèmes d'anxiété, des difficultés d'estime de soi, des enjeux identitaires ou des traumas relationnels.

Chez le même éditeur

LES ATTAQUES DE PANIQUE
Que faire pour déjouer les montées d'anxiété ?

Isabelle Geninet
et Amélie Seidah,
psychologues

CLARA
Les désordres alimentaires à l'adolescence

Vanessa Germain,
psychologue

10 questions sur...
L'AUTOMUTILATION
chez l' adolescent et le jeune adulte

Vanessa Germain
et Edith St-Jean-Trudel,
psychologues

VIRAGE
Cartes d'intervention pour favoriser la régulation des comportements dommageables

Amélie Saucier,
psychologue

10 questions sur...
LE TRAUMA COMPLEXE
chez l'enfant et l'adolescent

Marie-Ève Grisé Bolduc,
psychoéducatrice

TOUT SAVOIR POUR COMPOSER AVEC LES TURBULENCES À L'ADOLESCENCE
(et révéler l'être génial, fantastique et exceptionnel que tu es !)

Isabelle Geninet
et Amélie Seidah,
psychologues

10 questions sur...
L'ANOREXIE
à l'adolescent

Martine Fortier,
psychologue et
neuropsychologue

JÉRÉMY TRAVERSE UN TSUNAMI
Une histoire pour aider les jeunes endeuillés d'un parent à la suite d'un suicide

Camille Lagacé-Labonté,
psychologue

...et plusieurs autres titres. Visitez notre site Web pour plus de détails : **MIDITRENTE.CA**

ACHEVÉ D'IMPRIMER EN JANVIER 2025
SUR LES PRESSES DE MARQUIS IMPRIMEUR, POUR LE COMPTE DES ÉDITIONS MIDI TRENTE.

100% PCF BIO GAZ ÉNERGIE PERMANENT

Imprimé sur Sustana Enviro^MC.
Ce papier contient 100% de fibres recyclées durables, est fabriqué avec un procédé sans chlore et à partir d'énergie biogaz.